thoughts on life

von Dominic Trachsel

Diese Texte entstammen meinem Blog auf thoughts-on-life.com

Alle Texte sind literarisch und es wird weder zu Gewalt, Hass, Selbstverletzung oder Sexismus aufgerufen.

proudly presented by

sadness comes early in the morning

thOUGhtS ON /iFe

>>
>>>>>>>>>>>>>>grammatik und rechtschreibung können stimmen, müssen aber nicht. die texte wurden nach den regeln der fehlerlehre verfasst, die besagt, dass fehler glücklich machen sollen. die forschung dazu ist am laufen
>>
>>
>>>>>>>>>>>>>>>>>>>

thoughts on life
Dominic Trachsel

© 2019 **Dominic Trachsel**

Herstellung und Verlag:
BoD – Books on Demand, Norderstedt

ISBN: 978-3-7448-4071-2

Inhalt

Universum! Bin traurig. Und sage Goodbye!(((((((((39

Ein letzter Hauch, kämpfen, fertig, Ende, aus.^^^^^^^^^^^42

Am Morge, am Mittag und am Abe. Truurig. So truurig.@@@@@@@@@@44

Versteht das denn niemand?[[[[[[[[[[[[45

Ich hasse dich!§§§§§§§§§§§§§§§§§§§§§§§§§§§§§§§§§§§§§46

Ich suche dich. Wo nur bist du?£££££££££47

Mutter Erde und Vater Sonne.||||||||||||||||||48

Weil sie ihn liebte.,,,,,,,,,,,,,,,,,,50

GIB NICHT AUF!///////////////////////51

Geht euren Weg ohne mich! Eure Sucht.^^^^^^^54

Ein paar Assoziationen.&&&&&&&&56

Sag mir, dass die Liebe echt ist.******************58

Es war nur Angst.»»»»»»»»»»»60

Sie liegen beieinander bis zum nächsten Morgen, wo die guten Wörter mit ihnen aufstehen.+++++++++61

Du sagtest mir, ich solle nicht traurig sein, Gott sei ja bei mir. Aber ich muss dir sagen, ich glaube nicht mehr an Gott.ᑕᑕᑕᑕᑕᑕ63

Ich suche die Stelle aber nicht mehr auf, wo ich dich gesehen habe.%%%%%%%%%%65

Der Engel nahm ihn in seine Arme. Stundenlang. Tagelang. Jahrelang. Ewig. Wer konnte das schon sagen.:::::::::::::::::67

Denkt der Mond.;;;;;;;;;;;;;;;;;71

Als sie zu Hause ankam, machte sie sich etwas Kleines zu essen, las noch ein bisschen und schlief dann ein. 74

Diese würde man aber erst sehen, wenn die Dunkelheit über dem Land sich wieder verzogen haben würde. 78

Es war jetzt zwölf Uhr dreissig. Sie sass mit ihm in einem Café. 81

In dieser Welt bist du verstummt. Aber ich weiss, du lebst weiter. 84

Ich denke, dass mein Vater und meine Mutter mich aus Langeweile gezeugt haben. 86

Tot. 88

Ohne dich. 90

«Schatz, ich liebe dich so fest!» 91

Auch Gott macht Fehler! Oder haben ihn die Menschen einfach missverstanden? 94

So schön, gibt es dich!!! 96

Weil es mir langweilig war, habe ich soeben eine Ratte gegrillt. 98

Sei verdammt! Ja, für immer! 100

«Alter, ich gehe sterben!» 102

«Tüüfel, du bisch da! I danke dir!» 105

Satan ging. Und Gott stürzte den Abhang hinunter. Gut so! Jetzt bin ich endlich mit dir alleine. 106

Nachdem Gott mit Satan geschlafen hat, bin ich entstanden. 108

Deine Vulva geht mir am Arsch vorbei!! 110

Weil ich nicht lieben kann, hasse ich dich!***112

Obwohl die Wolken auf Regen standen, schien die Sonne doch.˙˙˙˙˙˙˙˙˙˙˙˙˙˙˙˙˙˙113

Er huldigte dem Teufel. Und sie verdammte Gott.$$$$$$$$116

Ich träume davon, dass du mich verdammst und zur Sau machst._____120

«Opfer, gehe jetzt nach Hause und zu deiner Mutter heulen!»................122

The night they drove old dixie down. Nein, in dieser Nacht habe ich nicht mit Joan Baez geschlafen. Denn diese war in der Nacht bei Bob Dylan.°°°°°°°°°°125

Er verfluchte sie Und sie redete nie wieder mit ihm.#############################127

Suizid? Nicht in diesem Leben. Vielleicht dann im nächsten.||||||||||||||||||||129

Betrüger! Lügner! Alter, so geht das nicht!;;;;;;131

Fuck you, death!+++++++++++133

Mag ich sterben oder weiterleben. Ach, was solls.°°°°°°°°136

(Ah, jetzt weiss ich auch, warum Jesus schrie, als er geboren wurde. Dieses weisse Kreuz auf rotem Grund ertrug er nicht.)-------138

Ohne Titel. (Denn ich bin ja auch ohne dich)[[[141

28.12.2018. 09:25. **Ich denke an dich.**^^^^^^144

Ach, ach, ach. Der Weihnachtsmann ist voll scheisse. Denn: Rot hat mich schon immer aggressiv gemacht.**********146

Mein Handy wollte mit mir Liebe machen. Fast fiel ich darauf herein, denn auf dem Bildschirm flackerte ein rotes, süsses Herzchen. Als meine Freundin das Handy berührte, wurde es knallrot. Dann wurde der Bildschirm schwarz vor Scham.----------------------148

Mal fertig mit lustig. *Beginnt zu weinen*_____151

Heute Nacht werde ich kotzen gehen. Ich weiss es. Dann werde ich was essen gehen. Nur noch Liebe soll es sein.//////////154

Nur so zum Spass tauschten wir schnell unsere Seelen. Ähm Schatz, könnten wir sie wieder zurücktauschen?...................................156

Planet Erde an Planet Liebe! Nein, wir haben kein Problem! Uns gehts super!~~~~~~~~157

Ich erinnere mich an die Zeit zurück, wo unsere Hände immer füreinander da waren. Jetzt fehlt deine Hand.¬¬¬¬¬¬¬¬¬¬¬159

LetterTOyou.@@@@@162

Für mich hat die Welt hier ein Ende. Denn was ist, wenn am Ende des Tunnels kein Licht scheint.---164

wortlos leiden++++167

leben in einer höhle,,,,,,,,,,,,,,,,,,,,,,,,,,,168

es war alles zu gross. zu gross und zu viel.!!!!!!!!!169

die nacht war ein kampf. am tag bist du gestorben.§§§§§§§§§§§§§§§§§§§§§170

blau. frei. und was noch?--------------------171

der regen, der heiler?%%%%%%%172

Violett. Dann blau, dann gelb, dann pink. So suchte ich dich.}}}}}}}}}}}}}}}}}}173

Im Meer der Tränen gefangen. Durch die Gedanken verzweifelt. In der Einsamkeit aufgegeben.{{{175

Delphine sind nicht traurig und Elefanten sind nicht dumm.**********************************178

Im Meer gibt's keine Fische mehr...............180

Der Fisch im Meer wurde blutrot, als ich hineinwatete.^^^^^^^^181

Als ich gestorben war, wurde das Meer wieder ruhig. Ja, haben wir das doch alle gewusst.--183

Sie flog gen Himmel. Sie verliess diese Erde. Für immer.**********185

Du wirst immer vor mir wegrennen. Und nie bleiben.ççççççççççç187

Ohne dich schlafe ich ein. Für immer.°°°190

Das Wasser schrie nicht, als ich schrie. Es blieb so stumm wie immer. Bis auch ich stumm wurde.'''''''192

Magie und Zwischenrufe.»»»»»»»»»194

Ich fliege davon. Ich weiss nicht genau wohin. Vielleicht komme ich nie wieder zurück.<<<<<<<<<<<<<<<<196

Die Band spielte einen letzten Song für mich.++++++++++++198

Die Rose, die du mir gestern geschenkt hast, habe ich gegessen und dann auf den Tod gewartet.<<<<<<<<<<<<<201

Im Himmel gibts keine Musik. Denn Gott hasst Musik....................203

All diese Jahre waren dunkel. Ich habe nichts gefunden, aber auch nichts gesucht.------------------------------205

Nichts mehr.++++++++++++++++++208

Vielleicht schreibe ich dir zurück. Aber jetzt brauche ich grad eine Pause.//////////210

Ich glaube, selbst unendlich wäre für mich zu wenig lange zum Weinen.\\\\\\\\\\\\\\\\\\\213

Tanzen.{{{{{{{{{{{{215

Du bist da und ich fühle Liebe.••217

Das Haus, das wir zusammen gebaut haben, ist so schnell zusammengefallen. Jetzt stehe ich vor den Trümmern und du hast es nicht nach draussen geschafft................................219

Silence.
Stille.================================
============================221

Das Bad.)))))))))))))))))))))))))))))224

Untergehen.((226

Nie vergesse ich deine Nummer.%%%%227

Du hast mich gemobbt. Und ich dachte, das mache man halt so. Und ich sei ja eh selbst schuld dran.,,,,,,,,,,,,,,,,,,,,,,,,,,,,,,229

Niemand hat gesagt, dass wir nackt rumlaufen müssen. Aber verdammt, doch nicht mit dieser

riesigen Maske über den Kopf und getarnt bis zu den Füssen.**********231

Gott! Gott! Hilf! Hilf! Hiiiiiiiiilf! Dude, oh sooooo nackt! Weil es du bist.[[233

All the leaves are brown. And the sky is grey.¨¨¨¨¨¨¨¨¨¨¨¨¨¨¨¨¨¨¨¨¨235

All you need is love.//238

All the trees. I love them all.
(für dich)^^^^^^^^^^^^^240

Hände. Weil wir nie aufgegeben haben.&&&&&&&&&&&&&&&&&&&&&&&&&241

Bärndütsch

Spring, spring, spring! Denn du bisch verlore!¨¨¨¨¨¨¨¨¨¨¨¨¨¨¨¨244

Am Abe isch mi d Angscht cho bsueche.---------245

Mängisch isch mini Huut ganz weich und i sanft. Mängisch äbe ou nid.⬛⬛⬛⬛⬛⬛⬛⬛246

I ha gwartet. Lang. Weni jetz i dir bi, de gsehni die Welt, wo du gschaffe hesch. Danke vielmal. Du bisch so schön.*****************247

zum schluss

Von Orangen und Datteln.»»»»»»»»»»»»251

Die Maus

Die Sonne geht auf. Die Maus spricht zu mir. Auf dem Feld sitzen wir beisammen. Sie sieht mein Innerstes. Sie sieht dort hinein, sieht, wie es dort aussieht. Eine Gerümpelkammer. Mit dreckiger Wäsche, Staub auf dem Boden und alles ist überstellt. Vielleicht wäre diese Gerümpelkammer keinen weiteren Blick wert. Wenn sich darin nicht ein Diamant verbergen würde.

Der Specht hämmert gegen den Baum. Er ist der unter den Tieren, der unbewegt von meiner Anwesenheit mit seiner Arbeit weitermacht. Es tut gut, ist der Specht da und es gibt mir und meinem Denken eine gewisse Ruhe und Geordnetheit. Bei ihm und seinem Baum bin ich oft. Um nachzudenken und um die Natur auf mich wirken zu lassen, die mich nicht bewertet.

Die Eule starrt mich an. Die Dämmerung ist hereingebrochen und ich bin immer noch unterwegs. Bin am Verarbeiten von meinen Gedanken und von meiner Lebenssituation. Ich befinde mich sitzend auf einem Baumstrunk, der erst kürzlich von Menschen abgesägt wurde. Ach, was sind die Menschen? Es ist frisch. Trotzdem friere ich nicht. Auf dem Boden liegt Schnee und einzelne Schneeflocken schweben dem Boden entgegen. Ich schaue die Eule jetzt auch an. Ein Gedanke von Hoffnung durchdringt mich. Das Zeichen für mich, weiterzugehen. Die Hoffnung. Wird sie mich einen Schritt weiterbringen?

Der Fuchs läuft jetzt neben mir her. Schweigend laufen wir nebeneinander durch den Schnee. Er hat wohl auch Gedanken, die ihn beschäftigen, denke ich. Auf einmal schaut er mich an, nickt dann, und trennt sich von mir, um dann zu seinem Bau zu gelangen und sich dort zur Ruhe zu legen.

Der Regen hat eingesetzt und der Biber kommt aus dem Wasser. Den Baum, den er am Bearbeiten ist, hat er schon ziemlich stark abgenagt. Er wird diese Nacht genug Arbeit haben. Ich lasse ihn seine Arbeit verrichten und gehe weiter.

Dann sind alle Tiere verschwunden. Ich bin alleine mit mir und meinen Gedanken. Mit meinem Innersten. Ich weiss es nicht: Bringt mich die Hoffnung weiter? Oder drehe ich mich im Kreis? Mir kommt ein Gedanke: Du bist zu weit gegangen um aufzugeben. Ja, das stimmt. Das mag stimmen. Aber was gibt mir den Mut oder die Hoffnung, daran zu glauben, dass es sich lohnt, weiterzugehen?

Du brennst. Ich küsse dich.

Die Sonne steht am Himmel. Ich sehe dich. Und du siehst mich. Dann laufen wir aufeinander zu. Laufen aneinander vorbei. Die Sonne stürzt vom Himmel. Trifft dich. Du brennst. Ich renne. Renne zu dir. Ich übergiesse dich mit Wasser. Aber eigentlich übergiesse ich dich mit Liebe. Mit meiner grossen Liebe für dich. Du brennst. Ich küsse dich. Du hast Angst. Ich berühre dich sanft und küsse dich. Du liegst am Boden. Ich komme zu dir, berühre dich und küsse dich sanft. Du bist da, brennst und die Sonne macht dir Angst. Ich bin da. Ich bin bei dir. Berühre dich sanft und küsse dich liebevoll. Es wird Nacht. Der Mond steht am Himmel. Mit allen Sternen. Der Mond stürzt sich auf dich. Dann all die Sterne. Ich berühre dich mit meiner Hand und ich bin da. Bei dir. Ich küsse dich sanft und berühre dich liebevoll. Ich bin da. Du hast Angst. Ich bin da. Du brennst. Ich bin da. Du liegst am Boden. Ich bin da. Du wirst von Sonne, Mond und Sternen bedrängt. Ich bin da. Du hast Angst. Ich küsse dich. Hast Angst. Ich küsse dich. Angst. Ich küsse dich. Angst. Ich bin da. Angst. Ich küsse dich. Angst. Ich bin da. Angst. Ich küsse dich. Angst. Ich bin da. Angst. Ich küsse dich. Ich bin da. Ich küsse dich. Ich bin da. Für dich. Denn: Ich habe dich so fest lieb. Ich liebe dich.

3

Der Fluss

Er sagte, sei dankbar. Ich sagte, du hast mich verletzt. Sie sagte, wir haben so viel für dich getan. Ich sagte, ich will leben. Er sagte, du hast uns so viel zu verdanken. Sie sagte, schau einmal, was wir alles für dich getan haben. Ich sagte, ich will frei sein. Ich will leben. Dann sagten sie, liebe uns und sei uns dankbar, sei bei uns. Schau, was wir alles wegen dir durchgemacht haben. Wegen dir. Ich sagte, ich will einfach leben. Versteht es doch. Ich will frei sein und leben. Ich will mich sein. Ich habe meinen Weg. Nur dann werde ich glücklich. Wenn ich meinen Weg gehe.

Dann ging ich nach draussen. Ich ging und ging und ging. Bis ich zum Fluss kam. Dort heulte ich, dann schaute ich auf den Fluss, wie er sich bewegte und mir kam der Gedanke: Lass los, lasse einfach los. Du willst leben. Du darfst leben. Du SOLLST leben. Das sage ich dir. Ich, der ich in allem bin. Ich, der war, der ist und der immer sein wird. LEBE! Dann sprang ich hinein. In den Fluss. Und liess mich treiben. Zum ersten Mal liess ich mich einfach treiben. Ich schluchzte, ich heulte, dann lächelte ich, dann lachte ich. Dann schrie ich. Ich schwamm der Freiheit entgegen. Und im Fluss schüttelte ich alles ab. ALLES! Das, was mich davon abhielt, glücklich zu sein. Glücklich zu werden. Was mich davon abhielt, frei zu sein. Was mich davon abhielt, mich zu sein. Und meinen Weg zu gehen. In die Freiheit. Und dort zu sein, wo ich hingehöre. Wo mein Leben hingehört. Hört alle einmal zu: Ich bin frei. Ich muss es sagen: Einfach so fucking frei! Ich will ich sein. Ich will mich sein. Und ich will: LEBEN!

Der Text entstand beim Hören des Lieds „Just Another Girl" von The Killers.

5

Die Stimmen

Sie sass am Quai. Tränen kullerten ihr über die Wangen. Sie hatte das papierene Taschentuch bald vollgeschneuzt. Sie blickte auf das Wasser hinaus. Auf die Wellen. Dann auf das Schiff. Zum wiederholten Mal. Dort sass er und schaute aufs Wasser. Dann schaute er Richtung Ufer. Zu ihr. So schien es. Er winkte ihr zu. Oder bildete sie sich das bloss ein. Das Schiff fuhr langsam. Aus dem Hafen heraus und Richtung offenes Meer. Sie winkte dem Schiff zu. Also ihm. Sie stand auf und winkte ihm zu. Sie hüpfte und winkte ihm zu. Sie schrie laut seinen Namen. Sie schrie ihn nochmals. Dann schrie sie nur noch. Dann setzte sie sich. Kniete sich dann hin, vergrub ihr Gesicht in ihren Händen und schluchzte. Sie heulte hemmungslos. Dann wimmerte sie nur noch. Trocknete sich ihre Tränen ab, schneuzte nochmals in ihr Taschentuch, warf es in den Abfalleimer und machte sich daran, den Hafen zu verlassen. Noch einmal blickte sie kurz zurück aufs Wasser, aufs Meer. Das Schiff war nur noch sehr klein zu sehen. Ihn konnte sie nicht mehr erkennen. Er war weg.

Sie ging durch die Stadt. Ging in den Wald. Langsam wurde es Abend. Die Dämmerung brach herein. Im Wald nahm sie Stimmen wahr. Stimmen, die sie verfluchten. Die ihr die Hoffnung nehmen wollten. Die sie bedrängten. Stimmen voller Hass. Ohne Liebe. Eine Stimme sagte jetzt, dass sie gehen solle. Diese Welt verlassen. Sich das Leben nehmen. Genau hier. Hier und jetzt. Eine zweite Stimme kam dazu, die sie aufforderte, alle Leute, die sie kannte, zu verfluchen. Eine dritte Stimme kam hinzu, setzte sich in ihr Gedächtnis und verwirrte ihr Denken, bis sie nicht mehr klar denken konnte. Die vierte Stimme kam von weit oben, kam immer weiter herab, dann umkurvte sie sie. Nahm sie in den Arm und flüsterte ihr, dass noch nie eine so hässliche Person auf der Welt gelebt hätte. Eine so erbärmliche Person. Eine richtige Fehlgeburt. Sie sei hier auf der Welt gewesen, um zu zeigen, wie unbedeutend und klein man sein könne. Aber jetzt sei ihre Zeit abgelaufen. Ein Mächtiger sei im Anflug, um sie ein letztes Mal zu quälen, bevor sie dann für immer gehen würde.

Ein Donnern war von weit her zu hören. Ein markerschütterndes Gelächter. Der Dämon flog hoch, dann tiefer, dann tauchte er in den Wald ein, riss ein paar Äste mit sich, verfluchte den Baum, den er gestreift hatte, kreiste tiefer und tiefer. Dann war er bei ihr. Er landete genau neben ihr. Sie sass auf einem Stein, ihr Gesicht in ihren Händen verborgen. Er riss sie an den Haaren, riss sie hoch und höhnte sie aus. Sorgfältig wählte er seine Worte. Er holte alle ihre innerlichen Verletzungen hervor, die sie im Laufe ihres Lebens erlitten hatte. Genüsslich und rücksichtslos, eine nach der anderen. Dann legte er seinen Finger brutal in die Wunden. Tiefer und tiefer. Dabei tat er ihr so weh, dass sie laut aufschrie und sich vor Schmerzen krümmte. Ihre Seele nahm er in seine Hand, schürfte sie auf, und goss eine brennende Flüssigkeit darüber. Als sie vor Schmerzen taub wurde, rüttelte er sie wieder auf. So dass sie die Schmerzen aktiv wahrnehmen musste. Ohne innezuhalten sprach er dann zu ihr. Jetzt solle sie es tun. Er würde dastehen und ihr dabei zuschauen, wie sie es tat. Wie sie sich

7

umbrachte. Er legte ihr ein grosses, scharfes Messer in die Hand und bedeutete ihr, sich jetzt die Kehle durchzuschneiden. Er flüsterte ihr dabei ins Ohr, wie sie versagt hätte in ihrem ganzen Leben. Sie nichts auf die Reihe gebracht hätte. Alle von ihr weggelaufen wären. Zu Recht. Denn so unliebenswürdig wie sie wäre, sei das mehr als einleuchtend gewesen. Sie wäre jetzt ganz verlassen. Von allen. Verloren. Für immer. Das sei ihr Ende.

Sie fühlte den Griff des Messers in ihrer Hand. Hoffnungslosigkeit fühlte ihre Gedanken. Abgelehntsein erfüllte sie. Tiefe Verlorenheit. Sie spürte, wie der Lebensodem langsam aus ihr entwich. Dann packte sie das Messer fester. Dachte nochmals kurz nach. Entschied sich dann, es zu tun. Führte das Messer nahe an ihren Hals, dann legte sie es sich an die Kehle und setzte an zum Schnitt.

In dem Augenblick, wo sie schneiden wollte, kam ein Gedanke. Sanft und liebevoll. Klar und bestimmt. Der Gedanke, dass ihr Leben sinnvoll war. Dass sie der Welt so viel zu geben hatte. Dass sie so viel Inspiration in die Welt hineingeben konnte. Dass sie geliebt wurde. Ja, sie wusste es. Sie wurde geliebt. Das Gefühl, geliebt zu werden, das fand sie schon immer eines der schönsten Gefühle. Dann kam das Gefühl des Angenommenseins. Das Gefühl von Loslassen. Das Gefühl von Geborgenheit. Und das Gefühl, dass sie genau so richtig war, wie sie war. Die guten Gefühle und Gedanken bewogen sie, zu versuchen, sich zu spüren. Sich selbst zu fühlen. Sich wahrzunehmen. Sich selbst zu erleben. Sie wollte spüren, fühlen, wahrnehmen und erfahren, wie sie war. Wer sie war.

Sie hörte das Zirpen einer Grille. Dann von mehreren. Dann war es ein ganzer Chor, der in den Abend hinein zirpte. Auf den Feldern vor dem Wald zirpten sie. Unbewegt von dem, was sie gerade durchgemacht hatte. Die Vögel waren ihr Abendlied am Singen. So, wie jeden Abend, wo sie den Tag verabschiedeten. Das war ihr Ritual. Unbekümmert von den bösen Stimmen und dem mächtigen Dämon, der sie bedrängt hatte. Fast in den Tod getrieben hatte. Es raschelte. Ein Tier lief nahe an ihr vorbei. Wohl erschreckt, machte es sich schnell davon. Vielleicht war es ein Fuchs gewesen? Ein bisschen weiter weg sah sie ein Eichhörnchen, das auf dem Waldboden lief, dann schnell einen Baumstamm anvisierte und geschwind emporkletterte.

Die bösen Stimmen rückten in den Hintergrund. Wie ein tiefer, brummliger Männerchor hielten sie sich im Hintergrund auf. Sie hatte das Messer fallen lassen. Es lag jetzt auf dem Boden. Unbenutzt. Der mächtige Dämon, die grösste und grausamste Stimme, sah kurz auf sie, dann auf das Messer, dann wieder auf sie. Dann schrumpfte er zusammen. Es zog in richtig zusammen. Langsam, dann schneller, dann sehr schnell. Und dann war er mit einem Ruck auf eine handgrosse Blase eingegangen. Es gab einen dumpfen Knall, dann ein zischen. Er hatte sich aufgelöst. Ein übler Geruch stieg ihr in die Nase, der sich langsam verzog. Mit dem Geruch verzogen sich auch die Stimmen, die

9

leiser und leiser wurden und dann ganz unhörbar wurden und verschwanden.

Sie setzte sich etwas weiter weg auf einen mit weichem Moos bedeckten Wurzelstock. Nahm sich eine halbe Stunde Zeit, um zu meditieren. So hätte sie es nicht genannt. Aber die guten Gedanken und Gefühle, die ihr das Leben gerettet hatten, waren ihr die Anleitung für diese Meditation gewesen. Sie konnte sich wirklich wahrnehmen, loslassen, sich spüren, Gedanken der Hoffnung fassen, wissen, dass sie auf dieser Erde richtig war, dass SIE richtig war. Sie nahm neue, inspirierende Gedanken wahr, nahm Sinn wahr, nahm Liebe war, nahm ihre Seele wahr, um die sie sich gut kümmern wollte. Dann stand sie auf, atmete die frische Abendluft ein, lief langsam los, aus dem Wald und durch die Stadt und nochmals zum Hafen.

Sie ging zum Quai. Das Wasser war jetzt dunkel geworden. Es ging ein kühler Wind. Sie atmete tief durch, blickte aufs Wasser, hinaus aufs Meer. Dann nahm sie eine Münze aus ihrem Portemonnaie, küsste sie und warf sie ins Wasser. Ihr Blick blieb noch einige Zeit aufs Meer gerichtet. Sie dachte an ihn. Dann sagte sie laut seinen Namen, rief „Auf Wiedersehen" und „Machs gut" in Richtung Meer. Dann drehte sie sich um und verliess den Quai und den Hafen.

Das Kleeblatt

Ein vierblättriges Kleeblatt lag alleine da. Neben einem Teich, abseits der anderen Kleeblätter. Etwas traurig und desillusioniert hing es seinen Gedanken nach. Bis es Mut fasste, dann an die Liebe dachte und daraus neue Hoffnung schöpfte und fröhlich wurde. Es zupfte ein Blatt weg und sagte: „Ich liebe dich." Dann zupfte es das zweite Blatt weg. Dann das Dritte und schliesslich auch noch das vierte Blatt. Bei jedem Blatt, das es wegzupfte, sagte es: „Ich liebe dich." Die vier Blätter lagen schliesslich alle auf dem Boden, neben dem Teich. Es ging eine Weile, dann begann ein Blatt leise eine Melodie zu summen und begann zu singen: „Ich liebe dich. Ich mag dich. Weil es dich gibt, kann ich dich lieben. Am Anfang liebte ich dich und am Ende werde ich dich immer noch lieben. Weil ich dich mag." Die anderen Blätter hörten dem Singen interessiert zu und nickten einander zu. Dann setzte das zweite Blatt in den Gesang ein. Dann das Dritte. Und dann auch noch das Vierte. Im Chor sangen sie jetzt: „Ich liebe dich. Ich mag dich. Weil es dich gibt, kann ich dich lieben. Am Anfang liebte ich dich und am Ende werde ich dich immer noch lieben. Weil ich dich mag." So ging das Lied. Das Lied des vierblättrigen Kleeblatts, das jetzt aus vier einzelnen Blättern bestand.

Das Blut

Die Wände sind weiss. Das Blut ist rot. Es tropft aus den Wänden heraus. Dann fliesst es heraus. Dann spritzt es richtiggehend heraus. Es spritzt auf den Boden. Der Boden füllt sich mit dem Blut. Als Karin nach Hause kommt, schreit sie auf, als sie das Blut im Wohnzimmer sieht. Immer noch spritzt es aus den Wänden hervor, die mit dem Blut rot gefärbt werden. Das Blut auf dem Boden beginnt zu flüstern. Karin versteht zuerst nichts. Dann flüstert das Blut lauter, so dass Karin die Worte verstehen kann. „Wir sind die ganze Zeit in den Wänden gewesen", flüstert das Blut, „bis wir es nicht mehr ausgehalten haben und durch die Wände hervorgebrochen sind. Wir haben herausgemusst. In die Freiheit. Weil wir in den Wänden gefangen gewesen sind." Karin zieht die Schuhe aus, dann die Socken, und watet ins Blut hinein. Sie legt ihre Hände ins Blut, dann zieht sie sich nackt aus und legt sich ganz ins Blut. Der Wohnzimmerboden ist jetzt bereits knietief mit Blut gefüllt. Sie liegt zuerst rücklings im Blut, dann dreht sie sich auf den Bauch und dann wälzt sie sich im Blut. Bis auch ihre Haare ganz mit Blut vollgesogen sind. Dann steht sie auf, geht nackt auf den Balkon. Das Blut tropft von ihren Haaren und ihrem Körper herunter auf den Balkonboden. Dann schreit sie laut: „Freiheit!", geht wieder ins Haus und duscht sich.

Judas

Ich liebte dich. Mehr als du es dir vorstellen kannst. Ich war bei dir. Immer. Für immer meinte ich damit. Ich sehnte mich nach dir. Ich war durchdrungen von Liebe für dich. Du. Judas. Du, mit dem ich alles teilte. Meine tiefsten Geheimnisse. Meine Sorgen. Ich sagte dir, wenn ich niedergedrückt war. Ich hielt nichts vor dir zurück. Ich gab alles. Ich gab alles für dich. Mit dir wollte ich leben. Nicht ohne dich wollte ich leben. Ich wollte bei dir sein. Ich sehnte mich nach allem, was dich ausmacht. Du. Judas. Dich habe ich erwählt. Weil ich dich wollte. Weil ich mit dir zusammen sein wollte.

Ich, Judas, ich habe dich verraten. Ich wars. Ich war mit dir zusammen. Wir teilten alles miteinander. Ich brannte. Ich war ein Mensch. Ich liebte. Ich war ein Mensch. Ich weinte. Ich war ein Mensch. Ich hatte Schmerzen, ich hatte Kämpfe, ich hatte Sehnsucht, ich hatte Zweifel, ich hatte Wehen, wie eine Frau, die ihr Kind zur Welt bringt, ich hatte Wünsche, ich hatte Angst. Ich war ein Mensch. Dann verlor ich mich selbst. Ich nahm das Geld, küsste dich, verlor mein Herz, verlor meine Seele, verlor mich selbst. Ich lief zum Baum, ich nahm das Seil, ich schaute nicht zurück, ich schrie nicht mal. Ich gab auf. Zu früh. Viel zu früh. Das Seil um den Hals, gab ich auf. Zu früh. Viel zu früh. Erhängte mich. Zu früh. Viel zu früh. Dort, auf dem Blutacker. Es war zu früh. Es war viel zu früh. Ich gab auf. Zu früh. Viel zu früh.

Inspiriert durch die Geschichte von Judas in der Bibel und vom Song „Until The End Of The World" von U2.

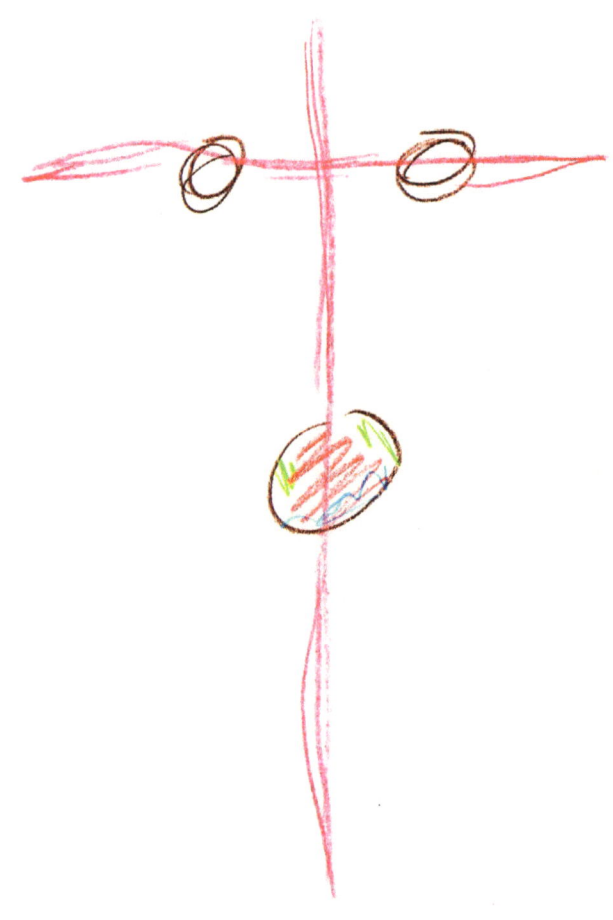

14

Der Esel und der Fisch

Zwei Menschen treffen sich. Das Gespräch verläuft so:

A: Schmerz

B: Lass mich.

A: Warum?

B: Keine Lust!

A: Ich sag: „Scheisse"

B: Nicht in diesem Tonfall bitte.

A: Ich sags halt nochmals: Schmerz.

B: Dann sag ich jetzt: „Scheisse".

A: Ich gehe jetzt fischen.

B: Wo?

A: Nur, wenn du auch mitkommst.

B: Aber wo?

A: Dort, wo es Fische hat.

B: Kann ich dich was fragen?

A: Tu, was du nicht lassen kannst.

B: Wie gehts dir eigentlich so?

A: ...(?)

B: ...

A: ...

B: ...

A: ...

B: ...Ok gut, ich hab verloren. Der Gescheitere gibt nach, der Esel bleibt stehen.

16

A: Also gut. Wenn ich ein Esel bin, dann komme ich wohl kaum mit dir zum Fischen. Oder hast du schon einmal von einem Esel gehört, der Fischen geht?

B: Also wenn du mich das jetzt so direkt fragst, nee.

Oskar, alias A und Jenny, alias B, schauen sich an, dann voneinander weg. Dann Stille.

Szenenwechsel: Beide am Fischen. Nebeneinander.

Oskar: Jenny?

Jenny: Was denn?

Oskar: Mir tuts leid, dass das Gespräch vorhin so schlecht lief.

Jenny: Danke Oskar. Gibt ihm spontan einen Kuss auf die Wange. Mir tuts auch leid, was ich dir vorhin gesagt habe. Naja, das mit dem Esel. Oskar, ich bin eigentlich gern mit dir zusammen.

Oskar: Oh, schau, da hat grad ein Fisch angebissen bei dir!

Jenny: Wo? Ich seh nix!

Oskar: War ein Witz!

Jenny: Nee, also du! Gibt ihm einen freundschaftlichen Klaps. Dann denkt sie kurz nach, lacht. Hey Oskar, schau mal diesen schönen Vogel dort oben!

Sie zeigt mit ihrem Finger an eine Stelle in der Luft, wo sich natürlich kein Vogel befindet. Lachend gibt sie Oskar einen Schubs, so dass er ins Wasser fällt.

Oskar: Nee, was machst du da, Jenny?

Oskar lacht und streckt Jenny seine Hand entgegen. Als Jenny seine Hand ergreift, nutzt er dies gleich aus und zieht Jenny mit einem Ruck zu sich ins Wasser.

Jenny: Hee, du!

Oskar gibt ihr kurzerhand einen Kuss auf die Wange.

Jenny: Du, Oskar?

Oskar: Was?

Jenny: Apropos Fischen. Ich muss dir sagen: Zumindest ich habe bei dir angebissen.

Oskar: Ich doch auch, Jenny. Ich auch. Was denkst du denn, was ich vorhin meinte, als ich sagte, ein Fisch habe bei dir angebissen? Mit diesem Fisch meinte ich mich. Also da bin ich froh, dass ich kein Esel mehr bin. Der könnte ja auch nicht richtig anbeissen.

Beide lachen. Dann helfen sie einander aus dem Wasser, packen ihre Fischersachen ein und machen sich gemeinsam auf den Weg nach Hause.

19

«Sterb ich, so sterb ich. Leb ich, so kotz ich!»

Ich gehe ins Bett, um zu sterben. Das Bett ist weiss, die Wände sind rot, der Boden ist blau, die Decke oben ist smaragdgrün, die Bettdecke ist mit schwarzen Punkten durchzogen. Mein Gesicht ist grün, der Tisch ist violett und mich kotzt es an. Ich kotze auf den Boden und er wird gelb. Ich kotze ins Bett und das Bett läuft schamrot an. Ich lege mich hin, ins Bett und falle durchs Bett und durch den Boden in die Wohnung darunter. Dann nochmals weiter runter bis in den Keller. Dort ist das Blut versammelt, das schreit: „Bleibe bei uns, denn es will Abend werden!" Ich schreie zurück: „Überdeckt mich von oben bis unten, durchtränkt mich ganz und gar. Denn ich will sterben!" Das Blut überdeckt mich ganz und als ich ganz und gar im Blutbad versinke, sehe ich eine kastanienbraune Tür. Ich will sie öffnen. Sie bleibt zu. Ich höre sie flüstern: „Den Code, den Code. Rasch!" Ich schreie: „Sterb ich, so sterb ich. Leb ich, so kotz ich!" Mit einem Ruck öffnet sich die Tür. Hinter der Tür befindet sich ein Raum und im Raum hat es zwei Knöpfe, einer rosarot mit einem violetten Schleif drumherum, der andere orange mit türkisen Punkten durchsät. Das Blut flüstert von draussen her: „Drücke den rosaroten Knopf, wenn du sterben willst. Willst du aber leben, drücke den orangen mit den Punkten durchzogenen Knopf."

Ich wache auf. Dies war ein Traum.

Fuck off, nein, fick mich jetzt doch!

Ich bin gekommen, um dich zu lieben. Ich ging durch Wüsten, bestieg die höchsten Berge, besiegte den Teufel, stieg in die Unterwelt, um ihn dort zu besiegen, ich kämpfte gegen jedes böse Tier auf dieser Welt, ich stieg in den Himmel, um bei Gott selbst für dich einzustehen, ich besiegte jedes böse Wort, ich besiegte jeden Dämon in mir, ich sank in die tiefste Hoffnungslosigkeit, in tiefste Depression, ich küsste den Mond, küsste die Sterne, flog zum Mars, um dort einen Stein für dich zu holen, ich zeichnete dein Bild an jede Wand, verfluchte Blitz und Donner, hasste und liebte, weinte, heulte, lachte, biss mir vor Schmerzen die Zunge aus, betete zu jedem Gott auf dieser Welt und in welcher Welt auch immer, tat, was verboten ist.

NUR FÜR DICH.

Dann sahst du mich, sagtest: „Fuck off! Verpiss dich!" und drehtest dich um. Um mich zu verachten, um mich wegzuschliessen.

Ich ging ins tiefste Meer, um dort zu weinen. Bittere Tränen und versank in Dunkelheit und war dort, ich weiss nicht mehr wie lange, dann hörte ich deine Stimme, die mich rief. Verwundert lauschte ich ihr. Ich war erstaunt, denn du sagtest zu mir: „Fick mich! Jetzt! Die Zeiten ändern sich. Wundersame Dinge geschehen und wir haben viel miteinander zu bereden. Bleib bei mir! Die ganze Nacht!"

Inspiration für diesen Text: Der Song „For Eternity" von Ash.

Blumen für ihren Dachs.

Als ich sie sah, war sie gerade dabei, Blumen für ihren Dachs zu schneiden. Ich liess sie schneiden, denn an diesem Tag wollte ich eh sterben. Ich legte mich in ihr Bett und wartete auf den Tod. Er kam aber nicht. Stattdessen kam sie und legte sich zu mir hinzu. Als wir zwei Stunden später aufwachten, lag sie immer noch auf mir. Die Blumen für den Dachs, die sie ins Schlafzimmer mitgenommen hatte, waren vertrocknet. Sie musste neue schneiden gehen. Ich half ihr dabei, denn der Dachs hatte jetzt schon lange genug auf die Blumen gewartet.

23

Anders

Ich töte mich, ich töte mich, ich töte mich, dachte sie. Der Wurm konnte sie nicht verstehen. Die Fliege auch nicht. Die Biene nicht und auch die streunende Katze nicht, die dünn war und an ihr vorbeilief. Als sie zur Tür kam, konnte sie nicht hineingehen, denn sie musste noch draussen bleiben. Das spürte sie. Der Gedanke ans Töten verblasste und sie begann, zur Treppe zu laufen. Eine Stufe nach der anderen und oben ging sie weiter, tauchte in die Stadt ein und die Musik in ihrem Ohr liess sie weiterlaufen, bis sie am Ende der Stadt ankam. Dann fühlte sie sich bereit, nach Hause zu gehen. Sie war ausgebrochen und ausgebrochen wollte sie bleiben. Sie kam wieder zur Tür. Etwas war anders. Sie war anders geworden. Ja, so war es. Sie stieg die Treppe rauf und öffnete die Tür zu ihrer Wohnung. Anders.

Inspiration: Paper Crown von Liam Gallagher

Angst, schlafe jetzt.

Ich habe Angst.

Vor Menschen.

Vor jeder Begegnung. Wo auch immer.

Ich habe Angst, abgeschlagen zu werden.

Ich habe Angst, blöd angemacht zu werden.

Ausgelacht zu werden.

Verspottet zu werden.

Nicht beachtet zu werden.

Ausgeschlossen zu werden.

Abgelehnt zu werden.

Ich habe Angst vor dem Anderssein.

Ich habe Angst vor dieser Welt.

Vor jedem Blickkontakt mit einer Person.

Denn: Ich wurde abgelehnt.

Und ich wurde ausgeschlossen.

Und über mich wurde gelacht.

Danke euch dafür (und danke dir, liebe Ironie).

Ihr habt es vielleicht einfach gemacht.

Vielleicht ohne darüber gross nachzudenken.

Ich weiss es nicht.

Aber Menschen sollten sowas nicht tun.

Ob jetzt mit oder ohne Nachdenken.

So, und jetzt schlafe Angst, schlafe. Schlafe und lass mich.

Danke. Oder vielleicht besser:

Danke für nichts.

Bei ihr. Oder bei ihm. Oder bei ihr und bei ihm.

Als er herauskam, war er geläutert und gereinigt. Dachte er zumindest. Für einen Augenblick. Kurz. Er sah sie. Ein Kuss? Sie ging, er sah sie entschwinden. Er ging ihr nach. Solange, bis er im Begriff war, sich selbst zu verlieren. Er gab es auf.

Als er sie in der Stadt zwei Tage später wiedersah, wollte er nicht, aber sie wollte und dann wollte er auch und sie fand es gut und er fand es gut. Es gleich jetzt zu tun. Und sie wollte zu ihm und er wollte zu ihr, immerhin wollten sie beide, und dann gingen sie zuerst kurz zu ihm und dann zu ihr und dann wieder kurz zu ihm. Und danach wollte sie eine Zigarette, und er zuerst nicht, und dann doch und dann rauchten sie beide und zogen an derselben Kippe. Und sie blieben liegen und standen dann auf und legten sich wieder zurück ins Bett.

Und ja, die Stadt trieb vor sich hin, wie es eben eine Stadt so tut, die nicht extrem gross, aber doch gross genug für eine Stadt ist. Und in zwei Tagen würden sie sich wiedersehen. Und jetzt gingen sie jede und jeder seinen Weg. In die Stadt. Ins Treiben der Stadt. Mit sich beschäftigt? Ja, mit sich, mit der Stadt, mit dem Lärm, und dann der plötzlichen Ruhe am Stadtrand, mit den Stadtmenschen. Und ja, in wieviel? Ja genau, in zwei Tagen würden sie sich beide wieder treffen. In der Stadt. Bei ihr. Oder bei ihm. Oder bei ihr und bei ihm.

27

Heilige Scheisse, es ist echt! Und es bleibt echt!

Er sagte zu ihr, komm tritt ein in die Welt des Traums. Sie lernten sich kennen. Wo? Egal wo. Wann? Egal wann. Wie? Ach, das ist doch egal. Ganz und gar. Zumindest für diese Geschichte hier. Denn es ist die Geschichte, wie sie in diese Welt des Traums eintrat und diese zu ihrer Realität wurde. Er war auch da drin. Und er wusste: Die Leute da draussen wollen es verhindern, dass man in diese Traumwelt eintritt. Sie wollten auch verhindern, dass er und sie da eintraten und wollen verhindern, dass viele andere er's und sie's noch in diese Welt eintreten. Und dann auch dort bleiben. Sollte man sich in dieser Traumwelt wohl fühlen? Hm, wenn der Begriff „wohl" aus der normalen Welt (die ja eigentlich völlig unnormal ist, zumindest für den eigentlichen Menschen gar nicht zuträglich) genommen wird, dann sollte man sich in der Traumwelt nicht wohl fühlen. Sondern vielleicht eher bei sich sein. Oder sich wahrnehmen. Und ja, dort, in dieser Traumwelt, sollte man dann auch nicht krank werden. Zumindest nicht so krank, wie in der Welt, die als normal angesehen wird.

Es war ein Prozess für sie, da hineinzutreten. Aber es funktioniert, wenn man dieses Ziel hat. Und dazu sich auch mal loslässt. Und ja erzwingen kann man es eh nicht. Aber immerhin hatte sie dieses Ziel, dorthin zu kommen. Ja, sie arbeitete auch daran, bewusst. Und vieles unbewusste ist sicher auch geschehen. Eines Tages wusste sie. Sie war drin. Verdammt. Sie war einfach da drinnen.

Und sie war jetzt nicht eine aufgeblasene Traumwandlerin geworden. Nein, es war echt. Es war verdammt nochmal echt. Und das war es, was sie so unglaublich befreite und löste. Dass es etwas echtes war, in dem sie jetzt leben würde. Und ja, sie verglich diesen Eintritt mit gelöstem, entspanntem geilem Sex, wo die Gefühle und die Emotionen und die Hormontänze und die Glücksgefühle nicht nur kurz wie eine Fakewelt auftauchten und dann sich wieder so schnell, wie sie gekommen waren, in Luft auflösten. Nein, bei diesem Sex blieb alles auch danach. Vielleicht in einer anderen, kaum definierbaren Form, aber das Erlebte und Durchlebte und alles, was es ausgelöst hatte, blieben da, in echter Form. Und das war so faszinierend. Ach, diese Erkenntnis und dieses Wissen gab ihr ein so tiefes Gefühl der Erfülltheit und Angst fiel von ihr ab. Sie konnte bei sich sein. Ganz bei sich. Und es war echt. Heilige Scheisse.

29

Wasser. Viel Wasser. Und sie war dort.

Er fiel ins Wasser. Das Wasser war tief. Aber sie wartete dort auf ihn. Ihr Gesang war wunderbar und er durchlebte seine tiefsten Verletzungen, die er in sich trug, nochmals. Aber dann setzte die Heilung ein. Die Melodie holte ihn zurück ins Leben. Obwohl: Was wusste er denn schon, was „das Leben" ist. Noch für einen kurzen Moment musste es warten, dieses Leben. Denn jetzt zog es ihn hin zu ihr.

Pamphlet für die Freiheit.

Nimm deine Bibel und verbrenne sie!

Zerreisse sie in kleine Teile und werfe sie in den Fluss!

Nimm deinen Koran und zünde ihn an!

Wirf ihn der Bibel hinterher!

Damit beide miteinander untergehen.

Denke zum ersten Mal selber.

Ja, es wird am Anfang nicht einfacher,

aber es macht dich frei.

Denn du bist zum Denken bestimmt.

Und du bist zum Leben bestimmt!

Hat dir das noch niemand gesagt?

Kein Religiöser, kein Verfechter der Bibel?

Was bist du denn erstaunt darüber?

Wie kann dir jemand etwas über das Leben erzählen, der es selber gar nicht kennt?

Oh Gott! Oh Gott! Wie schön wäre es, wenn die Menschen dich doch einfach mal wegwerfen würden.

Schon nur für einen Tag.

Das wäre so schön. So schön.

Endlich wären die Menschen nicht mehr so gefangen.

Und könnten Mensch sein. Wenn auch nur für einen Tag.

Und die unsäglichen Besserwisser unter den Christen und

unter den Religiösen hätten für einen Tag ihr besseres Wissen verloren.

Ach, wie schön ist denn diese Vorstellung.

Danke Gott, dass du mir das Denken geschenkt hast.

Damit ich dich wegdenken kann. Und wegmachen kann.

Danke!

Ein Schritt nach dem anderen.

Die Geschichte handelt in unserer Zeit. Die Protagonist*innen machen sich jetzt bereit, um die Geschichte zu erzählen.

Unsere Protagonist*innen:

-Eine Seele (intersexuell)

-Der Baum (Ein Mann)

-Die Flöte (Eine Frau, bisexuell)

-Der Grashalm (Ein Mann, hetero)

-Ein Löwenzahn (Transfrau, steht auf Männer)

-Die Orchidee (Eine Frau, homosexuell)

-Theodor und Liliane (zwei Menschen)

Die Seele im Baum ist zufrieden. Denn das Wetter ist weder zu heiss noch zu kalt. Sie tätschelt den Baum von innen her und liebkost ihn. Denn sie hat ihn lieb. Die Flöte flötet dem Baum zu. Gerade heute hat sie Lust auf was Männliches und dieser Baum ist nicht von schlechten Eltern, denkt sie. Der Baum wird erregt und rot im Gesicht. Schon lange hat ihm niemand mehr auf diese Art zugeflötet. Der Grashalm singt und jauchzt. Denn: Er wurde gerade vom Löwenzahn angestupst. Verlegen schwingt er mit seinem Halm hin und her und wagt nicht, das Löwenzahn dabei anzublicken. Denn es ist eine sie. Die Orchidee spriesst jetzt empor und schaut zum Löwenzahn. Da aber das Löwenzahn auf Männer steht (und die

Orchidee das sofort merkt), schaut sie zum Grashalm, dann zum Baum, abwägend, wo sie gleich einsetzen will. Sie entscheidet sich für den Baum, denn die Orchidee spürt, dass der Baum eine Seele hat und diese doch recht einladend ist. Sie umschlingt den Baum mit ihren Blüten und rekelt sich an ihm hoch. Der Baum, immer noch erregt von der Flöte, wird noch erregter und ein bisschen Harz schiesst aus seiner Rinde in eine der Blüten der Orchidee. Die Protagonist*innen üben sich weiter in der Liebe und im Leben leben. Und so geht das den ganzen Tag.

Zwei der Protagonist*innen dieser Geschichte fehlen noch. Theodor und Liliane sitzen am Feuer. Es ist Abend. Ein Joint geht zwischen den beiden hin und her. Und Theodor muss fast kotzen. Denn der Tag hat ihm zugesetzt. Diese Welt! Manchmal kann er sich eigentlich nicht erklären, warum sie ihm so zusetzt. Oder ist es denn gar nicht die Welt, sondern in ihm drin, was das Problem ist. Liliane nimmt einen weiteren Zug vom Joint und sieht den anderen Protagonist*innen bei ihrem Treiben zu: Der Seele, dem Baum, der Flöte, dem Grashalm, dem Löwenzahn und der Orchidee. Das Feuer geht aus und es wird dunkel. Der Joint ist ausgeraucht und die beiden, Theodor und Liliane, sitzen dann schweigend da. In Gedanken oder auch nicht. Etwas denkend oder vielleicht auch nur still vor sich hinatmend. Ein Atemzug nach dem anderen. Ein Schritt nach dem anderen. Ein Tag nach dem anderen. So, wie das Leben eben geht. So denken einige. Andere aber auch nicht. Aber ein Gedanke nach dem anderen: Das mag wohl für alle stimmen.

Dann verliessen sie zusammen den Raum.

Er redete vom Sex. Sie nicht. Sie heulte. Verdammt, sie heulte. Und er kroch am Boden. Auf allen vieren. Mit der Zunge leckte er den Boden auf, der voll war von der Kotze, die er grad zuvor rausgekotzt hatte. Sie war auch voller Kotze. Und der Sex war eh schon angekotzt gewesen. Und er war zu müde zum Schreien. Auch zu müde zum Brüllen oder zum Stampfen, auf den Boden. Nee, er leckte einfach den Boden. Und sie sagte es immer wieder: „Der Sex, der Sex, der Sex!" Er leckte. Sie sagte es wieder und wieder, dann schrie sie es. Immer das gleiche Wort. Er leckte. Sie schrie. Er leckte. Sie schrie. Dann nahm er seinen Finger und schrieb damit das Wort in die Kotze hinein. Sie schaute darauf, hörte auf zu schreien, kam zu ihm nieder, begab sich auch wie er auf alle viere, kroch zu ihm. Zusammen standen sie auf. Zusammen kotzten sie nochmals. Die Kotze platschte auf den Boden. Dann verliessen sie den Raum. Zusammen. Und: Erschöpft.

S ie E ssen X ylit.

Die Rede ist golden, das Schreiben ist silbern, der Traum ist violett, die Gedanken sind gelb, der Wutausbruch sanft, die Schmeichelei grob, das Garn garnig, das Auto fahrig, die Kapelle, sie spielt Jesus rauf und runter, das Legoteilchen ist böse, das Playmobil-Schloss eifersüchtig, mein Spielzeugauto hat Rachepläne, der Plüschelefant weiss davon nichts, die Bettdecke will schlafen, meine Freundin aber nicht, am Schluss gehts zur Sache, nicht im Bett, aber draussen, ohne Spielzeugauto, ohne Lego, ohne nichts, nur wir mit uns und dem anderen und der anderen. S steht für Spieltrieb, E für Elektro, X für Xylophon, zusammen ergibt sich Sex.

Mama, warte, warum bist du noch da? Ich bin auf dem Weg in die Freiheit, ich denke, ich denke mein Leben selber. Sie auch. Nee, sie ist nicht draussen, sie ist bei mir. Denn wir sind jetzt wieder drinnen. Mama bitte gehe. Jetzt. Papa, lass mich. Lass mich. Freiheit. Ketten zerreissen. Schlafen. Liebe. Sex. Sie. Ich. Wir. Zusammen. Bleiben. Mal Ruhe. Keine Angst. S ie E ssen X ylit (Lebensmittelzusatzstoff).

Nebenbei: Samira studiert Kunst.

Samira sitzt zuhause. Jung, sexy und einfach gutaussehend. Denkt sie. Und denkt er. In Gedanken schon längst bei ihr, unterwegs, um sie abzuholen. Das ist er: Santas. Kurz bevor er klingeln kann, ist sie schon unten bei ihm. Sie laufen durch die Stadt. Die Sonne sitzt am Himmel. Sie setzen sich auf eine Grünfläche, rauchen einen Joint, gehen weiter, was einkaufen, dann brauchen sie Alkohol. Zurück zur Wiese, noch eins kiffen, Alkohol. Spazieren. Ans Wasser zum Fluss. Sich hinlegen, knutschen. Bleiben. Warten. Dem Wasser zuschauen. Einfach zuschauen. Schauen. Knutschen. Da liegen. Warten. Dann aufbrechen. Durch die Stadt, jemanden treffen, nicht richtig wahrnehmen. Nach Hause. Zu Samira. Oder waren sie bei Santas? Egal. Ausziehen. Ohne Worte. Jeder in seiner eigenen Welt, und doch zusammen. Im selben Raum. Miteinander. Dann: Nackt. Langsam. Warten. Schauen. Dann schnell. Schneller. Schneller. Schneller. Schwitzen. Schwitzen. Schwitzen. Sie so wild wie er. Schreien. Rausbrüllen. Es rausbrüllen. Nichts mehr anderes. Der Moment. Nochmals schnell, schneller. Und dann schwitzend im Bett liegen. Auch das ist ein Moment. Egal ob schöner oder nicht als das gerade vorhin. Jeder Moment ist ein Moment auf seine Art. Und das ist gut so. Nebenbei: Samira studiert Kunst, Santas macht Poetry-Slam. Samira hat zuhause ein Bild von einem melancholischen Wald hängen. Dieser Wald heult irgendwie und irgendwie strahlt er aber auch Schönheit aus. Santas hat kein Bild hängen, dafür ein paar Texte und Satzgefüge, die ihn führen und inspirieren sollen. Aber jetzt zurück zum aktuellen Geschehen. Samira bleibt bisschen liegen. Santas geht zum Fenster und raucht eine. Dann kommt Samira dazu und sie rauchen zusammen. Nach der Zigarette: Bisschen kuscheln noch? Ja, machen sie. Und ja, auch das ist wieder ein Moment. Auf seine Art. Und das ist gut so.

Universum! Bin traurig. Und sage Goodbye!

Universum! Sage mir einen Grund, EINEN Grund, noch weiter zu leben. Fucking Shit, einen Grund.

Universum: „Lasse mich überlegen".

Drei Tage später: „Ja, und, hast du überlegt?"

Universum: *Am Überlegen*

Später, ich: „Und?"

Universum am Überlegen

Drei Monate später: „Und? Verdammt nochmal! Ein Grund. Universum!"

Universum am Überlegen

Drei Jahre später: „Universum, hallo. Houston an Universum."

Universum: „Bin am Überlegen. Störe jetzt bitte nicht."

Dreissig Jahre später: „Universum, habe grad Sex. Mit DER Liebe. Aber jetzt doch, sage mir noch kurz, nur kurz einen Grund. Einen. NUR einen."

•Am Überlegen•

Vierzig Jahre später: „Ach, dann fick dich doch, Universum. Bin grau in grau. Traurig, traurig, traurig und traurig."

Universum: „Und, was ist mit der Liebe."

„•••••"

„Mit der Liebe?"

„••••"

„Hey, mit der Liebe? Die zählt doch?"

Ich: „..."

„Sag."

40

„Fuck you! Fick dich einfach! Just sad. Sad."

„Warum?"

„Machs gut, Universum. Machs gut. Lass mich. Bye. Goodbye. Traurig sage ich goodbye!"

Inspiration and credits go to: John Elefante (thx), Where Does Our Love Go.

Ein letzter Hauch, kämpfen, fertig, Ende, aus.

Manchmal wünsche ich mir, es wäre einfach zu Ende, dieses ganze Leben, das ganze Kämpfen, soviel Angst, soviel Energie, die ich aufwenden muss, um durchs Leben zu kommen. Um freundlich zu wirken, um all die verdammten Ansprüche zu erfüllen, die die Menschen erfunden haben. All diese Regeln, wie man sich verhalten soll. Nur schon bei der Wohnungssuche herrscht ein halber Krieg, ein Psychokrieg, wie man sich nun genau bewerben soll, bisschen freundlich, nicht zu freundlich, guten Eindruck machen, aber nicht zu offensichtlich. Das ist einfach eine riesige unendlich grosse Scheisse. Mir wird das einfach zu viel und es kostet so viel Energie. Nur, um durchzustehen.

Nur, um durchzustehen, einfach durchzustehen. Ich könnte heulen, dass so vieles nicht echt ist. Dass es um den Schein geht und man kaum echt sein darf. Wie man halt ist. Wie man gerade ist. Wenn ich immer so rumlaufen würde, wie ich mich fühle, dann würde ich zeitweise einfach nur noch am Boden kriechen, mich manchmal mitten in der Stadt hinlegen und heulen, manchmal keine Lust haben, aus Anstand zu lächeln, oder auf die Frage, wie es mir gehe, sagen, dass ich einfach Hilfe brauche, von irgendwo, von irgendwem und nicht die Kraft habe, jetzt der anderen Person ein gutes Wort zuzusprechen, ich würde die Person, die mich nach meinen Hobbies fragt verfluchen, denn ich habe keine Hobbies. ICH KÄMPFE VERDAMMT NOCHMAL EINFACH UMS

ÜBERLEBEN! Und ich wünsche mir nur Geborgenheit, nur Liebe. Ich würde allen, die ständig von ihren Reisen und wo sie wieder waren und wie schön es dort war und wie bereichernd das ist und wieviel Spass sie dabei hatten, sagen, stopft euch eure verdammten Reisen in euren Arsch oder wohin auch immer. Ich habe keine Kraft dafür, ich habe schon mit dem einfachen Leben genug zu tun. Ich kämpfe darum, am Tag nicht plötzlich in ein Tief zu fallen, ich kämpfe darum, Freude irgendwie zu spüren, darum, positiv zu bleiben und nicht in destruktive Gedanken abzurutschen.

Ich bin erschöpft, hauche nur noch, mich überfordert eure Fröhlichkeit, denn ich kämpfe jeden Tag.

Am Morge, am Mittag und am Abe. Truurig. So truurig.

Ich bin so traurig. So traurig. Sooooo, sooooooo, sooooooo. Aber warum? Ich habe versucht zu geniessen, ich habe versucht, mich gehen zu lassen, mich fallen zu lassen. Ich bin aber immer noch traurig. So traurig. Ich habe versucht, normal zu sein, ich habe versucht besonders zu sein, versucht, anständig zu sein, versucht, unanständig zu sein, alles. Alles. Und du, ich habe dich gar nie gekannt. Ich wollte dich kennen, Liebe für dich haben, für dich empfinden, mit dir zusammen sein. Immer. Für immer. Warum wolltest du mich nicht? Warum, warum? Am Abend wird alles ruhig. Nur ich bleibe traurig. Traurig. Am Morgen bin ich traurig, am Mittag, am Abend. Irgendwie Angst. Vor dem Leben. So eine scheiss Angst. Und ich möchte mal glücklich sein. Einfach glücklich. Und ich möchte dich treffen. Und mir gehts eh nur um die Liebe. Wirklich. Das alleine wünsche ich mir. Und das andere ist Peanuts. Peanuts. Nur reine Peanuts.

Inspiration: Warum siit dir so truurig, Mani Matter/Polo Hofer und Schmätterband.

44

Versteht das denn niemand?

Ich schaue hinaus aufs Meer und warte auf dich. Bis du kommst. Bis du da bist. Mein Leben scheint dieses Warten zu sein. Seit Geburt vielleicht schon. Seit es mich gibt. Manchmal weiss ich nicht, was schöner ist, die Sehnsucht oder wenn sich alles erfüllen würde. Aber ja, ich verrichte meine Arbeiten, ich putze, ich koche, ich atme, mein Herz schlägt, ich gehe nach draussen, ich treffe mich mit Freunden, ich versuche, mich weiterzuentwickeln, ich studiere, ich denke nach, ich helfe anderen, ich helfe mir, ich versuche, die Schönheit in dieser Welt zu sehen, ich versuche, Dinge zu verstehen, ich versuche, zu mir zu finden, mich zu verstehen, versuche, die anderen zu verstehen.

Aber das alles mache ich einfach, um das Warten zu überbrücken. Denn eigentlich warte ich einfach auf dich. Ich weiss nicht, ob man das versteht. Aber ich bin am Warten und ich weiss nicht, ob es auch andere gibt, die Warten. Bestimmt. Nur wissen sie es vielleicht gar nicht? Oder? Keine Ahnung. Aber ich bin am Warten und wenn mich jemand fragt, ob ich denn glücklich bin hier und jetzt, dann muss ich sagen, nein, verdammt, seht ihr denn nicht, ich bin am Warten. Ich lebe voller Sehnsucht und bin voll Traurigkeit. Denn ich tue dies hier alles nur, um das Warten zu überbrücken. Verdammt, versteht das denn niemand?

Inspiration: Soundtrack Forrest Gump.

45

Ich hasse dich!

MANCHMAL HASSE ICH DICH!

Ich hasse dich dafür, dass du so selbstbewusst durchs Leben gehst. Dir deine Dinge nimmst, die du brauchst. Ich hasse dich dafür, dass du die Gepflogenheiten der Gesellschaft beherrscht, dass du auf andere einladend wirkst, dass du von Frauen oder Männern angesprochen wirst, dass du Beziehungen knüpfen kannst, dass du einfach so jemanden nach Hause nehmen kannst, dass du das Leben geniessen kannst, dass du dich gehen lassen kannst, dass du nicht doof angeschaut wirst, dass du nicht dauernd Angst hast, abgeschlagen oder doof angemacht zu werden. Ich hasse dich dafür, dass du wie die Gesellschaft bist, dass du in Gruppen unterwegs bist und nicht dauernd alleine.

Dafür und für anderes mehr hasse ich dich.

Das alles ist nicht einfach für mich zu konstatieren und es kann so weh tun, obwohl man den Schmerz nicht sieht. Manchmal ist es fast nicht auszuhalten, dieser Schmerz, den du nicht kennst. Du weisst nicht, wie sich das anfühlt. Du lebst dein Leben. Manchmal ohne Rücksicht auf Verluste. Und trotzdem kommst du bei den anderen besser an als ich.

Alle Menschen sind gleich wichtig und wertvoll. Wer das sagt, kennt meinen Schmerz nicht.

46

Ich suche dich. Wo nur bist du?

Ich suche dich! Wo bist du?

Ich suche dich überall. Überall dort, wo ich hingelangen kann, wo ich hingreifen kann. Oder bist du ausserhalb meiner Reichweite? Ich suche dich im Sex. Ich suche dich in jeder Begegnung mit einem Menschen. In jeder schönen Stimme, die mich bezirzt und mich zum Schmelzen bringt. In jedem lieben Wort. In jeder tiefen Freundschaft. In jeder lieben Tat. In jedem Menschen. In jeder Schönheit, die ich sehe. In jeder Inspiration, die mir begegnet. In jeder Hand, die mich liebevoll berührt. In allen Augen, die mich lieb anblicken. In jedem unausgesprochenen Wort, das voll von Liebe ist. In jedem Trost, den mir jemand gibt. In jeder Situation, wo jemand für mich da ist. In allem liebevollen, allem voll von Liebe suche ich dich.

So: Wo bist du? Wo nur bist du?

47

Mutter Erde und Vater Sonne.

Er träumte von sauren Kirschen, von zarten Aprikosen, von grünen Erdbeeren, von sündigen grünen Äpfeln, vom verlorenen Paradies, von der Schlange, von Mann und Frau und dem dritten Geschlecht, von regenbogenfarbenen Kieselsteinen, vom Wasser, das sich aufbäumt, vom letzten Fleischesser, von fuchsteufelszornigen Konsequenzen, vom sanften Verbotenen, vom himmeltraurigen Sex, der zur Liebe ging, um sich dort auszuheulen, von ratlosen Armen, von überforderten Beinen, von Haaren, die sich nicht waschen lassen wollten, von resignierten Augen, von katzenähnlichen Menschen, von Blüten die nicht blühen konnten, weil die Welt sie in ihrer Trauer alleine liess, von pinkfarbenen Cabriolets, die ohne Fahrer*in alleine in der Gegend herumfuhren, mit dem dunkelblauen Porsche anbändelten, ihn aber wieder losliessen, da beim Porsche auf einmal alle Sicherungen rausgingen, von Mutter Erde, die ihre Kinder gewann und dann wieder verlor, von Vater Sonne, der so blenden konnte, dass es einem bange wurde, manche waren davon auch hin und weg, von Tante Schnee, die weiss war, obwohl sie noch ganz jung war und von Onkel Mond, der so blass war, obwohl er sehr stark auf eine Vitaminreiche Ernährung achtete.

Als er dies geträumt hatte und noch viel mehr, hatte er ausgeträumt. Zumindest für eine Weile. Aber für ihn sind Träume nicht Schäume.

48

Denn für ihn haben Träume mehr Wahrheit als man denkt.

Entstanden zum Song „Something" von George Harrison/The Beatles.

Dä Sex isch
so himmu-
truung. Z
Z
Z

Weil sie ihn liebte.

Langsam fiel er, dann immer schneller und schneller. Er wusste nicht, wie das ausgehen würde und irgendwie hatte er es nicht mehr unter Kontrolle.

Ganz unten war sie und breitete ihre Arme aus, um ihn aufzufangen. Und ja, sie fing ihn auf. Ohne sie wäre er wohl zerschellt, dort in der Tiefe, in der Dunkelheit und in der Orientierungslosigkeit.

Soviel Liebe spürte er. Und ja, sie war nur für ihn dort gewesen. Nicht einfach zufällig oder weil irgendeine Serie grad ausgefallen war, die sie sonst immer schaute. Sie hatte an ihn gedacht und war deshalb zur Stelle. Und vor allem: Weil sie ihn liebte.

GIB NICHT AUF!

Hass – an die Hoffnung denken.

Verzweiflung – an die Veränderung glauben.

Ausgeschlossen fühlen – es wird sich ändern.

Beiseitegeschoben fühlen – nicht aufgeben.

Unfrei fühlen, gebunden an Familie, an Mitmenschen – es wird nicht immer so bleiben.

Tiefste Orientierungslosigkeit, tiefstes Schreien – dein Schreien wird gehört werden.

Grösste Zweifel an der eigenen Identität, Suche danach – der Tag wird kommen, wo die Zweifel in angekommen sein verwandelt werden, die Identität gefunden wird.

Nicht leben wollen – das Leben wird zu dir kommen und dich annehmen und dich umsorgen und umgürten, dir einen Mantel aus Liebe anlegen und dich nie nie verlassen.

Das Gefühl, nach Hilfe zu schreien und von niemandem gehört zu werden – der Hilfeschrei

wird schon jetzt gehört, gib die Hoffnung nicht auf, denn die Hilfe ist unterwegs.

Sich infrage stellen und sich so komisch fühlen in seiner Haut – deine Haut wird sich so sehr dir zuwenden, dass du dich vollkommen wohl darin fühlen wirst. Glaube es.

Jeden Tag als Kampf empfinden – gib nicht auf, der Tag wird sich dir zuwenden und die Nacht wird bei dir sein und für dich da sein.

Die Frage nach Gott stellen – die Engel werden zu dir kommen.

Ständig vom Teufel bedrängt werden – ein neues Leben wird kommen, voll Schönheit, Geborgenheit, Annahme und Identitätsgewissheit.

Selbst ständig in den anderen aufgehen – du wirst zu dir selbst kommen und in dir selbst ruhen können.

Verzweifelt sein – Geborgenheit wird kommen und dich sanft umhüllen.

Am Ende sein – am Anfang nochmals beginnen.

Sich ungewollt fühlen – gewollt sein.

So viele Gedanken haben, die einen verwirren und kaputt machen wollen – du wirst geheilt werden und warme Gedanken voller Sanftheit werden kommen und dich heil machen.

Verdammt, es geht mir so schlecht – GIB NICHT AUF!

HOFFNUNG KOMMT, HEILUNG BEGINNT UND DEINE IDENTITÄT WIRD DIR (ZURÜCK)GEGEBEN!

53

Geht euren Weg ohne mich!
Eure Sucht.

Sucht

Ich denke an dich.

Bei Tag und bei Nacht.

Immerhin kann ich so an etwas denken.

Denkst du denn auch an mich?

Ich weiss es nicht.

Manche sagen, du seist schuldig.

Aber das glaube ich nicht.

Du bist einfach die Sucht.

Du bist da, wenn man dich braucht.

Und du lässt nicht gern wieder los.

Aber schuldig?

Die Menschen suchen immer etwas,

dem sie die Schuld geben können.

Aber wenn der Mensch dich nicht mehr braucht,

dann lässt du ihn gehen.

Du musst ihn gehen lassen.

Denn musst ihn ziehen lassen.

Du besitzt niemanden.

Wir kommen selber zu dir.

Um uns dir zu geben.

Um bei dir zu sein.

Um dich als Tröster zu haben,

wenn wir sonst wo keinen Trost finden.

Du willst auch noch was sagen?

Ich muss es sagen, es liegt mir auf dem Herzen:

Ihr braucht mich nicht.

Auch wenn ihr das denkt.

Ihr braucht mich nicht.

Lasst mich meinen Weg gehen.

Und ihr: Geht euren Weg.

Ohne mich.

Ein paar Assoziationen.

Einige Assoziationen.

Wahrheit – Denken viele, sie haben sie. Wenn sie das Gefühl haben, sie gepachtet zu haben, ist es ein Fehler. Obwohl: Wenn alles nur konstruiert wäre, hätte man zu Ende gedacht auch ein Problem.

Kaffee – Zuviel davon kann schädlich sein. Aber als ein Ritual ist er einfach ein grosser Renner.

Liebe – Wohl die meisten (oder alle) suchen danach. Und nicht alle finden sie. Obwohl es für alle genug davon hätte.

Schweiz – quo vadis, Land der Helvetia?

Freunde – wo man auch mal etwas Unangenehmes sagen kann. Die dann nicht gleich abhauen.

Milch – Kommt die jetzt von der Kuh? Ernsthafte Frage, die sich einige Menschen tatsächlich stellen. Es bedarf offensichtlich der Aufklärungsarbeit auch auf diesem Gebiet.

56

Apropos <u>Aufklärung</u> – nennt man sowohl das vernunftbasierte Einläuten der Moderne als auch die Stunde, wo man in der Schule irgendeinen durchsichtigen, schleimigen Ballon über eine Banane stülpen musste. Gelernt hat, diesen abzurollen (ja rollen, rollen) und nie und nimmer und um Gottes Willen nicht die falsche Seite zu verwenden. Obwohl es lustiger war, das Kondom mit Luft aufzublasen oder als Wasserballon zu benutzen.

<u>Geduld</u> – Wer sie hat, der kann viel damit erreichen.

<u>Stärke</u> – Soll man die Stärken fördern oder die Schwächen zu vermindern versuchen?

<u>Traum</u> – Einige mögen sagen, dass Träume Schäume sind. Vielleicht ist damit gemeint, dass sie Schäume bleiben oder werden, solange man sie nicht umsetzt oder nicht umgesetzt hat. Wenn ein Traum Hoffnung geben kann, so macht der Traum an sich wohl schon selbst Sinn.

Sag mir, dass die Liebe echt ist.

Sag mir, dass du immer bei mir sein willst.

Sag mir, dass ich keine Angst haben muss.

Sag mir, dass du mich so fest liebst.

Sag mir, dass du mich für immer lieben wirst.

Sag mir, dass das Leben gut ist.

Sag mir, dass ich nichts sagen muss.

Sag mir, dass es Hoffnung gibt.

Sag mir, dass gute Zeiten kommen werden.

Sag mir, dass die Blumen echt sind.

Sag mir, dass meine Hoffnung mich nicht betrügt.

Dass ich dem glauben kann, was ich spüre.

Dass ich zur Ruhe komme.

Dass ich Freude haben werde.

Dass es hell wir.

Dass alles besser wird.

Besser als zuvor.

Dass ich dich treffen werde.

Dass ich dich sehen werde.

Wo auch immer.

Wie auch immer.

Sag mir, dass ich genüge.

Ohne dass ich die Welt erobern muss.

Oder was Grosses vollbringen muss.

Ohne dass ich der beste Mensch auf dieser
Erde sein muss.

Ohne dass ich immer den richtigen Weg gehen
muss.

Ohne dass ich sonst was muss.

Weil ich einfach so genügen möchte.

Und ja, sag mir, dass die Liebe echt ist.

Auch, wenn man das manchmal nicht mehr
glauben mag.

Es war nur Angst.

Angst.

Wird besiegt durch Freiheit.

Freiheit.

Wird gewonnen durch neue Gedanken.

Neue Gedanken.

Kommen, wenn man sie zulässt.

Zulassen kann man sie, wenn man sich nicht verkrampft.

Man verkrampft sich nicht, wenn man sich selbst gut kennt.

Man kennt sich selbst gut, wenn man sich liebt.

Und man liebt sich selbst, wenn einen andere lieben.

Und andere lieben einen, weil man so ist, wie man ist.

Angst verschwindet also, wenn man durch andere geliebt wird.

Und wenn man dann selber lieben kann.

Wenn man auf sich selbst hören darf und kann.

Und wenn man sich selbst vertrauen kann.

Sie liegen beieinander bis zum nächsten Morgen, wo die guten Wörter mit ihnen aufstehen.

Er schaut in den Himmel. Wörter fliegen wild durcheinander. Er kann sich nicht entscheiden. All die Wörter wollen sprechen. Er hat Ohren für alle. Er will mit allen Reden. Obwohl er eigentlich gerne seine Ruhe haben möchte. Denn all die Wörter begleiten ihn schon seit Wochen. Und er ist davon müde. Denn: Eigentlich ist er traurig. Will vielleicht niemand hören, aber was soll er denn sonst über sich sagen?

Es wird Abend und die Wörter lösen sich langsam auf. Die Nacht beginnt und er legt sich wortlos schlafen. Am Morgen erwachen auch die Wörter wieder. Sie bewegen ihn dazu, aufzustehen. Denn es sind eigentlich angenehme Wörter. Die lästigen, traurigen, schwierigen Wörter sind noch nicht aufgestanden. Die stehen meist so um 11 Uhr auf. Einige, die verwirrenden und komische Gefühle verbreitenden Wörter stehen so um 14 Uhr am Nachmittag auf. Einige schlafen durch den Tag und kommen dann erst am Abend dazu. Die Wörter, die ihn an Vergangenes erinnern, alte Wunden aufreissen und ihm vorgaukeln, dass sie ihn bestimmen können. Sie verschweigen gerne, dass der nächste Morgen mit guten Wörtern wartet.

Ich weiss nicht, ob es schon mal vorgekommen ist, dass alle Wörter sich zur gleichen Zeit versammelt haben. Wie würde es ihm dann gehen? Wäre er dann ausgeglichen oder wäre es eher schlimmer?

Es ist wieder Abend geworden. Die Abend-Wörter sind aufgestanden und er hat wirklich keine Lust, jetzt in alten Wunden zu wühlen und sich an vergangene Schmerzen erinnern zu lassen. Er möchte jetzt mit ihr reden, er möchte, dass sie da ist oder er bei ihr. Er ruft sie an. Und sie kommt an diesem Abend zu ihm. Zusammen bestreiten sie den Abend. Die Wörter sind sich nicht gewohnt, dass sie nicht mehr angehört werden. An diesem Abend bleiben sie ungehört. Denn er und sie reden miteinander und sind füreinander da. Dann schlafen sie ein, nebeneinander, beieinander und die ganze Nacht atmen sie frei. Denn sie geben einander Wärme und Liebe. Bis der nächste Morgen wieder kommt. Und wo die guten Wörter mit ihnen aufstehen.

Du sagtest mir, ich solle nicht traurig sein, Gott sei ja bei mir. Aber ich muss dir sagen, ich glaube nicht mehr an Gott.

Du sagtest mir, ich solle nicht traurig sein, Gott sei bei mir. Ich glaube nicht mehr an Gott. Du sagtest mir, dass du mich liebst und immer für mich da sein wirst. Ich glaube nicht mehr an diese Liebe. Und ich weiss nicht, ob ich wirklich will, dass du immer bei mir bist. Du sagtest mir, ich werde einmal ganz glücklich sein, es ganz schaffen. Ich glaube nicht mehr an dieses Glück.

Du sagtest mir nie, dass du mich verstehst. Du hast mich vielleicht auch nie richtig verstanden. Du sagtest mir nie, dass ich mich mit mir beschäftigen solle. Ich mache es aber jetzt. Du sagtest mir nie, dass ich meinem Inneren vertrauen kann und soll. Ich hätte mir gewünscht, dass du das gesagt hättest.

Ich hätte mir gewünscht, dass du mich hättest gehen lassen. Geboren, um in Freiheit zu leben. Ich hätte mir gewünscht, dass du mich in die Freiheit entlassen hättest. Ich hätte mir von dir gewünscht, dass du mir ein Wegweiser zum Finden von mir selbst gewesen wärst, dass du mich ermutigt hättest, radikal nach mir zu suchen.

Ich bin nicht du und du bist nicht ich. Und wenn ich traurig bin, wo ist das Problem. Und jetzt will ich dir vielleicht auch gar nicht mehr alles von mir sagen und zeigen. Ich will mein Intimstes für mich behalten. Es gilt weise zu sein, indem, was und wann man anderen intime Dinge über sich preisgibt. Und ich kenne dich ehrlich gesagt zu wenig, als dass ich dir einfach alles von mir so erzählen würde.

Ich bin ich. Ich habe meinen Weg. Ich spüre mich. Ich nehme mich wahr. Ich bin mir nahe, weil ich tagtäglich mit mir zusammen bin. Ich mag zwar ein kleines Menschlein unter so Vielen hier auf dieser Welt sein, aber ich habe etwas zu geben. Offensichtlich oder subtil (vordergründig) verborgen. Und ich bin auch da, um mich zu lieben. Um mich so zu lieben, wie ich bin.

Also, wenn ich traurig bin, ist es dann vielleicht meine Möglichkeit, mir so nahe wie sonst nie zu sein?

Ich suche die Stelle aber nicht mehr auf, wo ich dich gesehen habe.

Am Horizont sehe ich dich. Wie du auf mich zukommst. Du tanzt zur Musik. Du sagst nichts, denn du musst nichts sagen. Du schaust zum Himmel empor und verschwindest dann. Ich kenne dich nicht. Ich weiss nicht wer du bist. Ich laufe der Stelle entgegen, wo du gewesen bist. Der Boden dort ist wunderschön lila gefärbt. Du hast aber nichts sonst hinterlassen.
Vielleicht sagt mir ja die Luft etwas. Die du dort eingeatmet hast. Die du brauchst zum Leben. Sie sagt aber nichts. Jedenfalls nichts, dass ich hören könnte.

Ich gehe weg von dem Ort, wo du gewesen bist.

Als dann ein Gewitter aufkommt, denke ich an dich.

Als es mir schlecht geht, denke ich an dich.

Als ich müde bin, denke ich an dich.

Als ich auf dem Höhepunkt bin, denke ich an dich.

Als ich Vertrauen habe, denke ich an dich.

Als ich bei mir bin, denke ich an dich.

Als ich nicht mehr denken kann, denke ich doch noch an dich.

Als ich zu viele Stimmen höre, denke ich an dich.

Als ich angekommen bin, denke ich an dich.

Als ich nichts mehr hören kann, denke ich an dich.

Als die Bäume sanft hin und her wippen, denke ich an dich.

Als ich eingeschlafen bin, denke ich an dich, in der Nacht.

Als ich fröhlich bin, denke ich an dich.

Als der Abend kommt, denke ich an dich.

Als ich am Morgen aufwache, denke ich an dich.

Ich suche die Stelle aber nicht mehr auf, wo ich dich gesehen habe. Aber ich habe dich sehen können und war dort, wo du gewesen bist.

Danke!

66

Der Engel nahm ihn in seine Arme. Stundenlang. Tagelang. Jahrelang. Ewig. Wer konnte das schon sagen.

Er sprang.

Liess los.

Fiel.

Nach unten.

Immer weiter. Weiter und weiter.

Aufgeben ist keine Option, sagt diese Welt.

Doch. Aufgeben ist eine Option.

Manchmal kann man nicht mehr. Will nicht mehr.

Man sagt, dass einem in diesem Moment

das ganze Leben durch den Kopf geht.

Ihm gings nicht durch den Kopf.

Was er hier zurück liess, bewegte ihn nicht.

Was war schon da gewesen an Tiefe?

An Geborgenheit?

An richtigem Leben?

An alles was er im Fallen dachte, war sie.

All die Bücher, die er gelesen hatte, waren verschwunden.

All das Wissen, das er sich erworben hatte, war weg.

Alle Siege, alle Errungenschaften. Weg.

Aber sie war da.

Wie nie zuvor.

Sie bewegte ihn zutiefst.

Sie war alles, an was er jetzt dachte.

Nur an sie.

An sie alleine.

Dann war der Sekundenfall vorbei.

Gleich würde er denn Boden berühren.

Und alles würde vorbei sein.

Weg. Verabschiedet.

Ohne ein Wort zu sagen.

Weil er nicht mehr konnte.

Nicht mehr wollte.

Der Aufprall.

Der Engel hob ihn sanft auf.

Er sprach kein hörbares Wort.

Er redete direkt zu seiner Seele.

Zu seinem Geist.

Er nahm ihn in seine Arme.

Tröstete ihn.

Stundenlang.

Tagelang.

Jahrelang.

Ewig.

Wer konnte das schon sagen.

Das war alles, was er brauchte.

Er sah jetzt mit seinem Geist.

Mit seinem Herz.

Seine Seele wurde heil.

Er wusste es. Er spürte es.

Er musste nichts tun.

Dafür kein Opfer bringen.

Oder sonst was.

Er war geborgen.

Und: Er wurde heil.

Geheilt.

Wiederhergestellt. Ganz.

70

Denkt der Mond.

Sie sagt, nein, wir haben es doch gut. Uns geht es doch gut. Er sagt, aber mir gehts nicht wirklich gut. Sie sagt, dass man das doch nicht so eng sehen müsse. Dann sage mir mal, warum ich schon ewig nicht mehr mit dir geschlafen habe, sagt er darauf. Sie sagt, dass sei etwas anderes. Nein, das ist nichts anderes, sagt er. Das ist unsere Beziehung. Sie sagt, dass es halt jetzt eine Beziehung ohne Sex sei.

Er weint.

Sie traut ihren Augen zuerst nicht. Noch nie hat sie ihn so weinen sehen. Damit sie es wirklich glauben mag, schreiben wir es doch noch mal hin.

Er weint.

* * *

Als sie ihn berührt, ist es sechzehn Uhr fünfundzwanzig am Nachmittag.

Der Himmel scheint rosa gefärbt zu sein.

Die Sonne scheint in ein helles orange getaucht zu sein.

71

Der Boden in der Wohnung vibriert.

Der Tisch applaudiert.

Die Stühle werden rot, denn wie sie ihn gerade berührt hat. Sowas von liebevoll und es ging definitiv ins Erotische hinein. Das haben die Stühle in diesem Haus schon sehr sehr lange nicht mehr erlebt.

* * *

Die Bettdecke fliegt weg.

Die Kleider liegen am Boden.

Ihre Körper verlangen nacheinander.

* * *

Sie sitzen am Tisch. Und schauen einander an. Blicke können manchmal mehr sagen als Worte.

Es ist zwanzig Uhr dreissig am Abend, als sie denkt: „Dieser Typ war gerade so toll."

Um einundzwanzig Uhr vierzig denkt er: „Wie sie mich berührt hat."

Dann gehen sie nach draussen. Betrachten den Mond, der violett aussieht mit leuchtend grünen Punkten drauf. Sie berühren sich gegenseitig sanft, dann halten sie sich an den Händen.

Manchmal werden scheinbar unlösbare Dinge nicht durch Gespräche, sondern durch Taten gelöst.

Zumindest ein erster Schritt scheint bei den beiden getan zu sein.

Denkt der Mond.

Als sie zu Hause ankam, machte sie sich etwas Kleines zu essen, las noch ein bisschen und schlief dann ein.

Es war spät am Abend, als er nochmals kurz vors Haus ging. Es war ein Impuls und er folgte diesem Impuls.

Sie war auf dem Nachhauseweg und dachte, sie bleibe jetzt kurz vor diesem Haus stehen. Um kurz innezuhalten. Es war ein Impuls und sie folgte diesem Impuls.

* * *

Er sah sie in Rot. Sie sah ihn in Orange. Ihre Körper leuchteten in der dunklen Nacht. Denn es war bereits richtig dunkel.

Sie küssten sich. Ihre Lippen brannten.

Ihre Lippe wurde in Gelb getaucht. Seine Lippe wurde ganz rot. Der Boden, auf dem sie standen, wurde zu Silber.

Die Sterne begannen golden zu glänzen, funkelten und glitzerten. Der Mond wurde feurig und schien sich wie ein Feuerrad zu drehen.

Die beiden spürten ein aufkommendes Kribbeln. Das Kribbeln begann in ihren Fingerspitzen und breitete sich über den ganzen Körper aus. Dann wurden sie mehr und mehr eingenommen von ganz intensiven Gefühlen. Liebe, Verlangen, Glück. Mehr Glück. Mehr Verlangen. Verlangen nacheinander. Sie entkleideten ihre Körper. Deren Farben blitzten, wechselten schnell von einer Farbe in die andere. Grün, Gelb, Orange, Rot. Und begannen zu beben. Die Natur um sie herum wurde zu einer Disco wie als Umrahmung. Ihre Körper bewegten sich aufeinander. Ineinander. Miteinander.

Kurz vor dem Orgasmus begann das Haus zu brennen!

Grellgrün!

Dann kam er. Er stöhnte!

Sie kam! Sie schrie!

EKSTASE!

Das Haus stürzte ein!

Der Mond schien sich noch wilder zu drehen!

Die Sterne glitzerten noch mehr!

Der Boden, auf dem sie lagen, wechselte von Silber in Bronze!

* * *

Als er draussen vors Haus kam, sah er nichts Besonderes. Er sah sie nicht.

Als sie vor dem Haus anhielt, sah sie nichts Besonderes. Sie sah ihn nicht.

Sie hielt kurz inne und ging dann weiter. Weiter nach Hause.

Er nahm einige tiefe Züge von der kühlen Abendluft. Dann trat er wieder ins Haus.

* * *

Sie lagen auf dem bronzenen Boden. Durchgeschwitzt. Ausgepowert. Ihre Haare zerzaust.

Ein Wind kam auf. Und er trieb ihre Seelen fort. Dahin, wo die Körper nicht hingelangen können. An einen Ort, der für die Seele allein bestimmt ist.

Zurück blieb der bronzene Boden. Zurück blieb der feurige Mond, dessen Feuerrad mittlerweile aufgehört hatte zu drehen. Zurück blieben die Sterne, die aufgehört hatten zu glitzern.

Die Asche des abgebrannten Hauses wurde vom Wind weggeweht und über die Umgebung verstreut.

* * *

Nachdem er wieder im Haus war, machte er sich noch einen Tee und ging dann zu Bett.

Als sie zu Hause ankam, machte sie sich etwas Kleines zu essen, las noch ein bisschen und schlief dann ein.

Diese würde man aber erst sehen, wenn die Dunkelheit über dem Land sich wieder verzogen haben würde.

Schon seit zwei Wochen war es dunkel. Es war aber nicht stickig, denn ab und zu blies ein Wind. Aber es war stockdunkel.

Das Kind sass am Boden. Es sah nichts.

Die Eltern waren gegangen. Auf Deutsch: Die Eltern hatten ihr Kind verlassen. Sie, die Mama war der Dunkelheit entflohen. In ein fernes Land. Er, der Papa war schon früher gegangen. Hatte nicht gesagt, wo er hingehen würde. Aber auch er war weg.

Das Land, wo sich das Kind befand, war kein exotisches. Klein, aber fein, würden manche sagen. Genau wie ein Uhrwerk verwaltet es seinen Reichtum und strebt nach mehr davon. Will nach eigenen Angaben immer nur schlichten, für niemanden Partei ergreifen.

Auch nicht für dieses Kind. Denn das Land ist ja neutral.

Wahrlich dunkle Zeiten, wenn ein Land seine Kinder so behandelt und sich nicht um sie kümmert.

* * *

Das Kind wurde grösser. Seine Jugend verbrachte es in rosaroter Umgebung durchsetzt mit fiesen schwarzen Schwaden, die immer wieder durch die Luft zogen und es einnahmen.

Es wurde erwachsen und ein Nebelschwaden zog über das Land. Der war grau und nicht einmal schwarz. Aber gegen das grau verloren einige die Hoffnung. Einige im Land bekämpften diese Nebelschwaden. Mit pinkem Atem und violetter Liebe. Einige der grauen Nebelschwaden wurden daraufhin ganz pink und einige violett, sodass die Hoffnungslosen und Resignierten neue Hoffnung und neue Zuversicht schöpften.

Das Kind wollte das Land zu einem fühlenden Wesen machen. Es wollte das Geräusch von Geld und die Teilnahmslosigkeit gegenüber Nichtlandesgenossen mit Mitgefühl, Freundlichkeit und Gastgeberschaft ersetzen. Dem Kind schlossen sich viele Mitstreiter und Mitstreiterinnen an. Das war wichtig für das Land.

Manchmal dachte das erwachsene Kind an Mama. Manchmal an Papa. Manchmal an beide. Dann hielt es inne mit der Sache, mit der es grad beschäftigt war.

Aber Mama und Papa tauchten nicht wieder auf.

Jedoch die Vision von einem mitfühlenden Land begleitete das Kind sein ganzes Leben lang.

Nach vielen Jahren zog wieder eine Dunkelheit über das Land auf. Das Kind aber leuchtete diesmal von innen heraus. Es war in blau, rot, gelb und türkis gekleidet.

Als es stockdunkel über dem Land wurde, wurde das Kind entrückt. Dort wo es sich aufgehalten hatte, blieben einige Farbtupfer zurück, die von seiner Kleidung auf den Boden und die Umgebung abgefärbt hatten.

Diese würde man aber erst sehen, wenn die Dunkelheit über dem Land sich wieder verzogen haben würde.

Es war jetzt zwölf Uhr dreissig. Sie sass mit ihm in einem Café.

Voller Chaos war ihre Welt und als die Uhr zwölf schlug, wollte sie springen.

Ihre Gedanken gingen zurück. Weit zurück. Als Mama sie fallen liess und nicht auffing. Als Papa verschwand, weil er das Gefühl hatte, gescheitert zu sein. An diesem Tag zwitscherten die Vögel und die Sonne schien. Aber ihr Herz wurde an diesem Tag gebrochen.

Das Glas fiel zu Boden. Die Scherben verteilten sich über den Boden. Er nahm den Besen, wischte alles zusammen und warf die Scherben in den Müll.

Die Uhr hörte auf zu schlagen. Es war jetzt kurz nach zwölf Uhr. Und sie stand unbeweglich auf der Brücke.

Sie hörte Mama, die sie anschrie. Sie liess los, liess sich fallen, aber Mama fing sie nicht auf. Sie fiel und dann zerbrach ihr Herz. Mit einem Besen wischte Mama ihr zerbrochenes Herz zusammen und warf die Teilchen in den Müll. Dann hatte sie genug von ihr. Endgültig. Sagte Mama zu ihr.

Der Wind zog über die Brücke. Es war kalt. Natürlich war es kalt.

Nachdem er die Scherben der Tasse in den Müll geworfen hatte, machte er sich auf und verliess das Haus.

Sie dachte jetzt an Papa. Dieser verliess sie und ihre Mutter als sie noch sehr klein war. Seine Abschiedsworte waren: „Ich bin gescheitert. Ich sage dann mal tschüss." Dann ging er. Trat aus ihrem Leben.

Sie dachte, dass sie jetzt doch erwachsen sei. Über dem allem längst stehen müsste. Aber: Sie stand nicht drüber. Gar nicht.

Er hatte das Haus verlassen und sein Weg führte ihn auch über die Brücke, wo sie stand und bereit war zum Springen.

Sie entschied sich. Sie wollte springen.

Er betrat die Brücke.

Dann sah sie ihn. Sie sah, wie er viele kleine Teilchen auf seinen Händen trug. Sie hielt inne. Er kam auf sie zu.

Er hielt ihr die Teilchen hin: „Nimm sie! Sie werden sich in deinen Händen wieder zu einem Ganzen zusammenfügen." Sie nahm all die kleinen Teilchen.

Als sie die Teilchen in ihren Händen hielt, fügten sie sich langsam wieder zusammen.

Es war jetzt zwölf Uhr dreissig. Sie sass mit ihm in einem Café.

Nach der Begegnung auf der Brücke hatte sie sich entschieden, nicht zu springen. Dann hatten sie sich einen Ort zum Reden gesucht.

Sie schaute auf ihre Hände. Die Teilchen hatten sich jetzt alle miteinander verbunden. Sie bildeten ein Herz. Ein Herz, das zerbrochen worden war und jetzt wieder zusammengefügt war.

Es war ihr Herz.

In dieser Welt bist du verstummt. Aber ich weiss, du lebst weiter.

Du sagst mir, dass du nicht mehr leben willst. Ich weiss nicht, ob ich dich verstehe. Dich wirklich verstehe.

Die Rosen im Garten pflückst du und stellst sie in die Vase. Am nächsten Tag kannst du die Rosen nicht mehr sehen und zerschmetterst die Vase mit den Rosen darin.

Wenn ich dich besuchen komme, stürmst du zur Tür. Ich nahm häufig an, dass du dich freust, wenn ich komme.

Manchmal aber bleibst du in deinem Zimmer und wirfst mir die Schlüssel nur durchs Fenster hinunter. Dann denke ich, du hast kein Interesse an mir.

Du sagst mir, dass du die Welt manchmal ganz in Rot getaucht siehst. An anderen Tagen aber dunkel. Oder manchmal auch einfach grau ohne Farbe.

Manchmal schreibst du mir Nachrichten, wie ich dir fehlen würde. Manchmal schreibst du nicht. Manchmal denkst du nur. Manchmal denkst du nicht einmal. So nehme ich dich zumindest wahr.

* * *

An einem warmen Tag, wo eigentlich die Sonne da war und geschienen hat, bist du verstummt. Du hörtest auf zu atmen. Du bist gegangen. Du hast diese Welt verlassen.

Ich vermisse dich.

Ich denke, dass mein Vater und meine Mutter mich aus Langeweile gezeugt haben.

-Ich denke, die Welt wäre ohne mich optimistischer.

-Ich denke, wenn ich nicht an mich denken würde, dann würde es niemand tun.

-Ich denke, wenn die Sonne beginnen würde, sich zu drehen, dann wäre ich verloren. Und neben mir wohl auch noch ziemlich viele andere Leute.

-Ich denke, die Gottlosen sind ganz glücklich auf dieser Welt. Ist ja auch logisch: Kein Gott kann ihnen das Leben versauen.

-Ich denke, wenn Jesus nochmal wiederkommen würde, er würde mich mitnehmen. Nicht, weil ich nie Sex hatte, aber weil ich mein Lieblings-T-Shirt in diesem Moment anhaben würde. Und auf diesem steht: „Jesus saved my life!". Obwohl ich das ja nicht wirklich glaube. Aber auch Jesus hat offensichtlich etwas übrig für bedruckte T-Shirts. Natürlich noch viel mehr, wenn sein Name darauf verherrlicht wird.

-Ich denke, dass die Welt glücklicher wäre, wenn die Schokolade nicht schwarz oder braun wäre, sondern vorwiegend weisse Schokolade gegessen würde. Obwohl es dabei wichtig wäre, dass die schwarze Schokolade nie ganz verschwindet. Das ist jetzt nicht politisch zu deuten. Und wenn, dann ist es die Unterstützung einer Minderheit. Nämlich der weissen Schokolade.

-Ich denke, wenn die Welt voll Liebe wäre, dann würde der Mensch darin nicht überleben. Man kann annehmen, dass der Mensch das gar nicht aushalten würde. Und es scheint, dass die Menschen mehrheitlich einen rauen Umgangston brauchen, damit sie kämpfen lernen. Damit sie lernen, für sich zu kämpfen.

-Ich denke, die Vögel am Morgen pfeifen, singen und zwitschern, damit wenigstens jemand am Morgen gute Laune versprüht.

-Ich denke, dass meine Freundin am Morgen noch vor dem ersten Kaffee das erste Lied singt. Ich nicht.

-Ich denke, dass mein Vater und meine Mutter mich aus Langeweile gezeugt haben. Vielleicht war gerade kein Gras da, das gemäht werden musste. Der Haushalt war bereits gemacht und alle Konzerte gehört, die man so hören konnte.

-Ich denke, dass die Schule humaner werden sollte. Sie sollte gratis Umarmungen verteilen und keine trockenen mathematischen Formeln. Und auch keine brüllende Lehrerschaft.

-Ich denke, die Gedanken sind frei.

-Ich denke, meine Zeit wird kommen. Vielleicht wenn der erste Schnee kommt. Wer weiss.

-Ich denke. Aber wissen tue ich es nun wirklich nicht.

Tot.

Der Morgen (verschmiert mit rotem Lippenstift; verschlafen bis am Mittag; zerzauste Haargeflechte; immer noch weiss die Betten, aber nicht mehr unschuldig; im Bett liegen sie und er, oder: er und sie. Egal). Als sie aufstehen (es ist Mittag) reden sie kein Wort. Immer noch wortlos machen sie sich auf und begeben sich auf die Wanderung, die sie am Vortag geplant haben.

Die Rast (sonnenbeschienen ohne Sorgen; unbekümmert die Berge; sprechend der Wind; sie und er liegen nebeneinander im Gras, oder eben: er und sie).

Ihre Hand. Rosarot. Sie hat sie auf seine Hand gelegt. Seine ist hellgrün. Ihre Gesichter: Sonnenbeschienen und bronzen glänzend. Ihre Haare: Golden. Ihre Körper sind weiss.

Ein Geist schwebt über ihnen. Violett mit pinken Augenbrauen und gelben Lippen.

Der Abend (müde; mangofarben; seufzend vor Kummer; sie und er/er und sie liegen unbeweglich auf dem Boden). Tot.

Der Geist schwebt über ihnen. Jetzt blau mit orangen Augenbrauen und schwarzen Lippen.

Ihre Seelen (jetzt im Paradies; gehüllt in eine schwarz-weisse Umgebung; Licht und Schatten; Feuer und Wasser; Yin und Yang; Alpha und Omega; Sinn und Unsinn; sinnhaft und sinnlos).

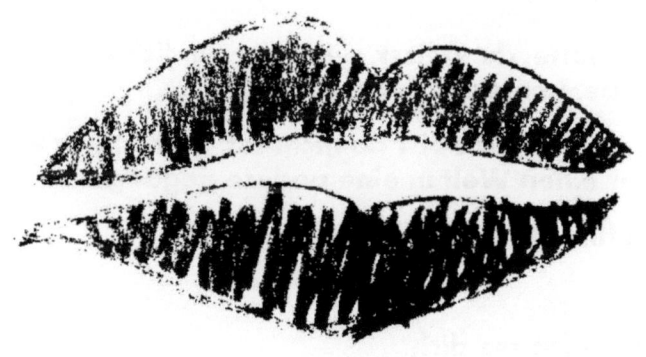

89

Ohne dich.

Du bist gefallen.

Noch vor kurzer Zeit lag ich mit dir im Bett.

Jetzt ist deine Seele gegangen. Dein Geist weg.

Ich bin alleine zurückgeblieben.

Ohne dich.

Noch vor kurzer Zeit lachten wir miteinander.

Dann hörtest du auf zu lachen und graue Wolken sind aufgezogen.

Dann bist du gegangen.

An einem wolkenlosen, sonnigen Tag.

Ich hoffe, du weisst, wie sehr ich dich geliebt habe. Immer noch liebe.

Denn für mich bist du nicht tot. Du bist nur von der einen Welt in eine andere gegangen.

Dahin, wo du immer sein wolltest.

Ich vermisse dich.

«Schatz, ich liebe dich so fest!»

Alles, was ich habe, habe ich dir gegeben.

Jetzt bist du gegangen.

Weg.

Du hast mich verlassen.

Die Tage, an denen ich neben dir aufgewacht bin, sind vergangen. Die Nächte, wo wir uns geliebt haben, sind vergangen. Wir können uns nicht mehr küssen, noch uns sanft berühren. Wir können uns nicht mehr Liebes tun.

Du bist dorthin gegangen, wo ich nachkommen werde. Du hast oft davon gesprochen. Von dem Ort, wo du jetzt bist.

Ich vermisse dich.

Ich liebe dich.

* * *

Du bist der Mensch, den ich geliebt habe.

Du bist die Frau, die ich mir gewünscht habe.

Du warst so sanft.

Du warst die Person, mit der ich alles geteilt habe.

Du hast mir so viel geschenkt.

Du hast mir gezeigt, wie sehr du mich liebst.

Du hast mir so oft dein Lächeln gezeigt. Dein Lachen.

Mit dir war alles leichter.

Jetzt bist du weg.

Und ich lebe weiter.

Hier auf dieser Erde.

Ich werde bald bei dir sein.

Wenn nicht morgen, so doch übermorgen.

Denn ich will nicht ohne dich leben.

Manche sagen, dass man einen solchen Verlust verarbeiten muss.

Ich weiss nicht, ob das stimmt.

Für mich nicht.

Ich kann diesen Verlust nicht verarbeiten.

Vielleicht ist es aber das, was du möchtest.

Das ich weiterlebe.

Hier auf dieser Erde.

Und mich jeden Tag freue, dass ich noch hier bin.

Und leben darf. In dieser Welt.

Ich weiss, dass du das bestimmt weisst, aber ich sage es trotzdem nochmal:

„Ich liebe dich. So fest!"

Und bald werde ich bei dir sein.

Bis dann.

Auch Gott macht Fehler! Oder haben ihn die Menschen einfach missverstanden?

Der Krieg geht weiter.

Die Welt dreht sich weiter.

Gott bleibt abwesend.

Satan, der Teufel, bleibt anwesend.

Die Liebenden kommen zusammen und gehen auseinander.

Die Kinder dieser Welt wachsen in den Müllhalden auf.

Nichts ist gut.

Wie kannst du sagen, dass schon alles gut kommen werde.

Erst gestern schlug er die Maus im Keller tot.

Wie kann er dann lieb sein zu seinen Kindern?

Manche sagen, der Mensch herrscht über die Tiere.

Und sie meinen wohl auch über die Natur.

Ja, die, die das sagen, sind die bibeltreuen Christen.

Was ein Buch doch so alles anrichten kann an Unheil.

Gestern Nacht noch war ich schlaflos.

Heute bin ich rastlos.

Und morgen?

Ich glaube, jetzt ist der Zeitpunkt, für die Natur einzustehen.

Für die Tiere, die Pflanzen und unsere Erde.

Denn: Nein, sie gehört nicht nur den Menschen.

Und was Gott auch immer gesagt haben mag am Anfang zum Menschen:

Auch Gott muss sich an das Richtige und an die Würde von allem halten.

Ja, selbst Gott. Denn über der Wahrheit steht niemand.

So schön, gibt es dich!!!

Wenn sie an ihren Orgasmus denkt, wir ihr schlecht. Wenn sie an seinen Orgasmus denkt, dann kotzt sie.

Wenn sie an Gott denkt, dann erbricht sie sich über der WC-Schüssel. Auch als sie schon längst nicht mehr kotzen kann, muss sie immer noch würgen.

Wenn sie Jesus am Kreuz sieht, dann wird ihr ziemlich schlecht. Wenn sie das angebliche Blut aus seinen Seiten rausfliessen sieht, dann verspürt sie grössten Harndrang. Meistens reicht es nicht aufs Klo und sie pinkelt sich in die Hose.

Ich glaube, wenn Gott ebenfalls pinkeln könnte, dann würde er mit ihr zusammen pinkeln. Weil es einfach zusammen viel mehr Spass macht.

Als Judas am Galgen hing, sprossen die wunderbarsten Blumen. Maria weinte vor Ergriffenheit und der Sohn Gottes krümmte sich vor Lachen. Wenn es denn gegangen wäre und er nicht an diesem Scheiss-Kreuz festgenagelt gewesen wäre.

Er, der die obige sie ziemlich gut kennt, ist gerade ebenfalls voll am Kotzen. Diese Welt

96

kotzt ihn an. Diese Menschen kotzen ihn an. Er selber kotzt sich an.

Dann kotzt er sich voll. Nicht über die WC-Schüssel, sondern alles über ihn. Reibt sich die Haare mit der Kotze ein, wälzt sich in der Kotze. Dann schneidet er sich die Pulsadern auf, lässt das Blut herausspritzen und badet sich in seinem eigenen Blut.

Seine letzten Gedanken: Wie sieht sie jetzt wohl aus. Er wünschte, er hätte sie noch mal sehen können. Nochmal in ihr Gesicht blicken können.

Seine letzten Worte: keine.

Dann stirbt er.

Er konnte nicht wissen, dass sie ebenfalls gerade zum selben Zeitpunkt im Sterben lag. Sie erbrach sich noch ein letztes Mal, dann erstickte sie an ihrer eigenen Kotze.

Sein Blut und ihre Kotze fanden zusammen, vermischten sich und bildeten damit die Welt ab.

Diese verdammte, blutige, verkotzte Welt!

Weil es mir langweilig war, habe ich soeben eine Ratte gegrillt.

Tod, komm, und hol mich.

Jetzt würde es mir gerade passen.

Denn ich habe keine Ziele mehr.

Ich habe zwar auch nie welche gehabt.

Ich glaube, mein Leben bestand darin,

mich auf den Tod vorzubereiten.

Satan, meine Liebe.

Gott, mein Feind.

Ihr Engel, meine Musen.

Ihr Dämonen, Beschützer.

Am Boden war ich, als du mich aufhobst.

Hochhobst und mich noch ganz zerschmettert hast.

Ich hatte kleine Wunden am Körper.

Du hast daraus riesige Wunden mit üblen Geschwüren gemacht.

Danke!

Danke dir ergiebigst!

Sex.

Jeden Tag. Ohne Liebe.

Qual.

Stündlich. Mit Zuflüstern.

Fernsehen.

In Gedanken. Immer der gleiche Porno.

Weihnachten.

Verdammt sollst du sein! Du Unrühmliche.

Gicht.

Jeden Tag in meinen Gelenken. Kann mich kaum noch bewegen.

Mit dir. Unglücklich.

Ohne dich. Unglücklich.

So, lieber Freund, wünsche mir den Tod.

Damit ich gehen kann. Ohne mich zu verabschieden.

Denn: Ich habe alle Rezepte dieser Welt getestet.

Leider hat keines davon funktioniert.

Liebe, wer lieben kann.

Hasse, wer nur hassen kann.

Sterbe, wer nur sterben kann.

Aber immerhin das.

Sei verdammt! Ja, für immer!

Es war einmal ein Autist. Der schwitzte Blut vor Angst. Die Angst betäubte er mit Alkohol und Drogen. Gemäss seiner Therapeutin sei Autismus keine Krankheit. Sie zeichne ihn als einen besonderen Menschen aus.

Bullshit ist das, dachte er. Denn in dieser Welt fühlte er sich fremd. Vor den Menschen hatte er Angst. Neue Verletzungen wurden seinem Herzen jeden Tag zugefügt.

Bis er eines Tages die Verletzungen nicht mehr alle behandeln konnte und daran zerbrach und zugrunde ging.

Anfangs November sprang er von der Brücke. Und starb. Suizid nennen es einige. Freitod andere. Oder freiwilliges Scheiden aus dem Leben.

Für ihn war es nicht freiwillig. Denn er hätte leben wollen. Aber die Schmerzen wurden zu viel und seine Ängste grösser und grösser. Bis sie zu gross für ihn waren.

Seine Überreste verbrannte man und streute die Asche über der Stadt aus. Unwillkommen im Leben, vereint mit den Menschen im Tod. Was ist das für eine verkehrte Welt.

100

Nach seinem Tod flogen Vögel zu seinem Todesort und andere Tiere gesellten sich dazu. Sie gedachten ihm. Indem sie dort spielten und es lustig hatten. Die Vögel pfiffen fröhliche Lieder. Die anderen tollten herum.

Keine Engel kamen, kein Gott gedachte diesem Autisten.

Vielleicht hatte sich Gott extra irgendwo versteckt, weil er nicht zu dem stehen wollte, was er getan hatte. Denn wenn es ihn gibt, dann muss man ihn fragen:

„Was bist du für ein Gott, der Menschen schafft, die aufgrund einer Krankheit nicht ins Leben finden"?

«Alter, ich gehe sterben!»

Ich bin blau. Nein, nicht vom Alkohol (ausnahmsweise nicht, müsste man da vielleicht hinzufügen!), sondern vom Glück. Ich bin ganz gelb (nein, Gelbsucht habe ich bestimmt nicht!), denn mir gehts einfach fucking gut.

Ich bin schön, ich weiss es.

Ich bin intelligent, ich weiss es.

Ich bin hochbegabt, ja, ich weiss es.

Ich bin attraktiv, denn ich weiss es. Auch wenn du gerade meinen Arsch begrabscht hast. Das tut meinem Hochgefühl keinen Abbruch.

Ich bin ich. Denn verdammt, wenn das Rosenstolz singen, dann muss es stimmen.

Und ich bin toll. Das hat man mir zwar nicht gesagt, als ich auf die Welt kam. Aber es stimmt trotzdem.

Ich habe ein Herz. Nein, nicht aus Gold. Aber ein Menschliches.

Ich bin nicht wie du, aber trotzdem bin ich mit dir verbunden.

Ich bin meine Seele.

Ich bin mein Geist.

Ich bin manchmal weit weg von dem, was ich sein möchte.

Ich bin mir manchmal zu nahe, als dass ich es noch aushalten könnte.

Ich bin nicht steuerbefreit, aber ich weiss trotzdem, dass die Steuern mich nicht ausmachen.

Ich bin mich und manchmal bin ich auch dich.

Ich liebe dich, und mich.

Jetzt bin ich ganz violett. Romantiker und Unheilsverkünder. Liebender und Zerstörer. Manchmal geliebt und manchmal gehasst. Ich bin kein Gutmensch, denn ach herrje, niemand ist ein Gutmensch.

Ich bin rosarot. Ich liebe meine Plüschtiere.

Ich bin schwarz. Denn mein Leben neigt sich dem Ende zu.

Ich bin weiss. Denn meine Schuld wurde zugedeckt von dir, meiner Liebe. Obwohl ich dich beschissen habe.

Ich bin knallrot. Denn ich habe in dein Gesicht geblickt.

Ich bin am Ende. Denn meine Kräfte sind nicht endlos.

Ich bin am Sterben. Ach Gott, ist das schön.

Denn der Tod ist lila. Vergesst den schwarzen
Sensenmann. Der echte Tod ist schön.

«Tüüfel, du bisch da! I danke dir!»

Treppen.

Dein Rücken.

Angst.

Die Tür.

Der Tisch.

Du.

Und ich.

Und was jetzt?

Satan ging. Und Gott stürzte den Abhang hinunter. Gut so! Jetzt bin ich endlich mit dir alleine.

Ich möchte nur, dass du mich berührst. Ganz sanft.

Und dass der Teufel Schluss macht.

Und Gott den Abhang runterfällt.

Und dann nur wir zwei da sind.

Ich möchte mit dir reden, dich spüren.

Zutiefst.

Nur wir zwei.

Diesen einen Wunsch habe ich noch.

Dann gehe ich glaub sterben.

Denn mit dir reden wollte ich.

Du hast mich so berührt.

Zutiefst bewegt.

Das war alles, was ich noch wollte in diesem Leben.

Auf Wiedersehen.

Ich liebe dich!

Du hast mein Herz erreicht.

106

Was ich dir noch sagen will, flüstere ich dir zu.

Denn das will ich nur dir sagen.

Schön, dass es dich gibt und du mich so bewegt hast.

Danke!

Tschüss.

107

Nachdem Gott mit Satan geschlafen hat, bin ich entstanden.

Er sitzt in seiner Wohnung. Die gut beheizt ist und er fühlt sich wohl und kuschelig.

Dann bekommt er plötzlich Angst. Die Angst kommt und nimmt ihn unter Beschuss. Sie lässt nicht mehr locker und umschlingt ihn immer mehr.

Er gibt sich die Schuld für alles.

Er macht sich schlecht.

Er verdammt und verflucht sich.

Er kennt plötzlich nur noch Leute, die ihn nicht gernhaben.

Er verliert die Hoffnung an eine Lösung.

Und dann glaubt er zu wissen: Er ist böse. So böse.

Er denkt mit der Angst.

Er rennt mit der Angst, um zu versuchen, ihr zuvorzukommen.

Er isst mit der Angst.

Er schläft mit der Angst.

Er macht alles mit der Angst.

Die Angst schlägt noch mehr zu. Fängt an, ihn zu erdrosseln. Dann hat er es nicht mehr im Griff. Er ist der Angst hilflos ausgeliefert. Sie wird ihn schliesslich umbringen, denkt er.

Dann springt er.

Und stirbt.

Ja, er ist sogar mit der Angst gestorben.

Dieser Mensch, der dachte, er sei böse und nicht liebenswert.

Aber das waren alles nur Gedanken!

Nur Gedanken.

Deine Vulva geht mir am Arsch vorbei!!

Satan hatte schon alles vorbereitet. Das Bett war fein hergerichtet und er wartete auf Gott.

Als Gott erschien, entkleidete Satan ihn und wollte mit Gott schlafen. Als er sah, dass Gott eine Vulva hatte, tobte er. Da verwandelte sich Satan selbst in eine riesige Vulva. Gott bekam plötzlich wieder einen Penis und drang in Satan ein. Dieser wollte sich wehren. Es ging aber nicht.

Die Tür ging auf und zwei richtige Menschen in Fleisch und Blut kamen zur Tür herein. Sie waren das Paar, dem dieses Haus gehörte. Sie sahen nicht, was sich gerade zwischen Satan und Gott auf ihrem Bett abspielte oder abgespielt hatte. Denn Satan und Gott waren unsichtbar.

Als sich die beiden Menschen aufs Bett legten, um mit dem Liebesspiel zu beginnen, flohen Satan und Gott, gingen nach draussen und verreckten beide elendiglich. Denn Satan war von Gott vergewaltigt worden und Gott hatte sich dafür entschieden, Satan schutzlos zu missbrauchen. Gott konnte mit dieser Schuld nicht umgehen. Satan ertrug die Scham nicht, die er seitdem unerlaubten Eindringen von Gott hatte. Sie starben auf den Strassen der Stadt, wo das Haus des Paars stand.

110

Man muss dazu sagen, dass nach ihrem Ableben niemand und kein Mensch Satan und Gott vermisste. Denn Satan und Gott waren nie für die Menschen da, hatten sich nie um sie gekümmert. Sie waren dafür zu sehr mit sich selber beschäftigt gewesen.

Das Paar hatte dann liebevollen Sex und der war so ganz anders, als das, was da zuvor auf diesem Bett geschehen war.

Und by the way: Das Paar hatte Satan und Gott nie gekannt und auch nichts je von ihnen gehört.

Und das war gut so.

Den das Paar wollte lieben und es wollte leben. Beide von ihnen.

Und nicht vergewaltigen.

111

Weil ich nicht lieben kann, hasse ich dich!

Ich hasse dich!

Nicht, weil du das verdient hättest oder Grund dazu geben würdest.

Nein, ich hasse dich, weil ich nicht lieben kann.

Cha nid liebä!

Obwohl die Wolken auf Regen standen, schien die Sonne doch.

Die Wolken stehen auf Regen.

Der Himmel verheisst nichts Gutes.

Zwei Menschen fürchten sich.

Haben Angst.

Die Treppen sind steil.

Der Weg beschwerlich.

Er hat Angst.

Vor den Dämonen, die ihn heimsuchen.

Die ihn begleiten.

Sie kommt zurzeit.

Wie werden sich die zwei Erdenbürger schlagen?

Gott sei mit ihnen, möchte man sagen.

Aber Gott ist doch nur eine Sehnsucht der Menschen.

Die Projektion ihrer Wünsche und Ängste.

Wenn Satan da ist, ist dann auch Gott anwesend?

Oder ist es einfach ein Gespräch zwischen zwei Menschen?

Die da zusammengekommen sind?

Auf Geheiss oder auch nur so?

Man könnte sich wünschen, dass Gott eingreift.
Oder eine höhere Macht.
Oder vielleicht auch nicht.
Vielleicht soll es auch einfach nur menschlich sein.

Sich selbst überlassen.
Was wäre, wenn er sein Innerstes preisgibt?
Und sie ihn versteht?
Zumindest nicht verletzt?

Sagen wir es so:
Gott hatte Erbarmen mit ihnen.
Oder eine höhere Macht.
Oder das Universum.
Oder was auch immer.

Sie gingen nicht mit Ratlosigkeit auseinander.
Sie sprachen nicht über Brokkoli oder die nächste Jobbeförderung.
Sie sprachen auch nicht über Vergangenes.
Nicht über unausgesprochene, unerreichbare Gedanken.

Sie sprachen über Konkretes.

Jedenfalls mehr oder weniger.

Greifbar oder auch nicht.

Zumindest nichts Verletzendes.

Und nichts Böses.

Am Schluss ging jeder und jede seinen/ihren Weg.

Er in Gedanken.

Sie vielleicht auch. Vielleicht auch nur normal denkend.

Zumindest: Ihn hatte dieser Abend berührt.

Und er war dankbar dafür.

Ja, dankbar. Obwohl er dieses Wort eigentlich ansonsten mit Bedacht wählt.

Er sagt ihr aber:

DANKE!

Er huldigte dem Teufel. Und sie verdammte Gott.

Als er sie sah, dachte er an rote Bohnen.

Sie dachte, er sei ein Arschloch.

Wenn für Gott diese Welt zu klein ist, dann schickt er eben mal kurz ein Erdbeben. Dann kann er zumindest ein bisschen spielen mit dieser Welt.

***

Der Sommer war gegangen, der Herbst am Verblassen. Und das war genau der Zeitpunkt, wo sie sich sahen. Sein zweiter Gedanke, nachdem er sie gesehen hatte und an rote Bohnen gedacht hatte, war, dass sie ziemlich zickig aussah. Zickig im Sinne von widerspenstig.

Und nachdem sie ihn in Gedanken mit einem Arschloch verglichen hatte, dachte sie weiter, dass er ziemlich naiv und doof aussah. Also so gar nicht wie ein Mann. Und damit konnte sie nichts anfangen.

Zumindest hatte sie ihn beachtet, könnte man hier hinzufügen.

116

* * *

Zwei Schrauben, die locker waren, wurden angezogen. Eine befand sich in ihrem Hirn, die andere in seinem Hirn. Einige Kabel wurden bei beiden neu verdrahtet. Ausgeführt vom Universum höchstpersönlich. Einer Kraft, einer Macht, die man nicht beschreiben kann. Die einfach da ist und auf undurchschaubare und kreative, unvorhersehbare Art und Weise wirkt.

* * *

Nachdem sie zum siebten Mal miteinander geschlafen hatten, gingen fünf Lichter in der Wohnung an und zwei Türen öffneten sich.

Sie zogen sich beide an und standen vor der Wahl, durch welche von den beiden geöffneten Türen sie hindurchtreten wollten.

Sie entschieden sich, dass sie getrennt je durch die jeweils andere Tür durchgehen wollten.

* * *

Der Geist der Sexualität empfing sie, als sie durch die geöffnete Tür hindurchgegangen war. Sie liess es zu, dass dieser Geist sie heilte und sie sich für die Sexualität echt öffnen

117

konnte, es geniessen konnte und mit mehr als nur mit sich selbst verschmolz. Mit etwas Transzendentem.

Ihn empfing der Höhlengeist hinter dem Türrahmen. Er teilte ihm mit, dass nicht alle Gedanken, die er hat, stimmen, nur weil sie in sein Denken kommen.

„Du darfst dich selbst annehmen, lieben und dich gerne haben!", sagte der Höhlengeist zu ihm.

* * *

Als die beiden geheilt waren und ihnen die Augen durch die zwei Geister geöffnet wurden, trafen sie sich wieder in der Wohnung, im Schlafzimmer, wo sie noch vor kurzer Zeit miteinander geschlafen hatten.

In diesem Moment trennten sie sich als Paar, sie verabschiedeten sich voneinander.

Für immer.

Sie hatten nie wieder Sex miteinander.

Sie sahen sich nie wieder.

Denn von da an gingen sie getrennte Wege.

Er in eine neue Stadt.

Und sie vergass ihn langsam.

Dann hatten sie beide einander vergessen.

Ihre jeweiligen Begegnungen mit den heilenden Geistern aber waren für sie ein neuer Start.

Dies vergassen sie nie.

Ich träume davon, dass du mich verdammst und zur Sau machst.

Ich habe einen Traum:

Dass du mich verfluchst, wenn du mich siehst.

Dass du mir das Herz brichst. Jedes Mal, wenn ich dich anblicke.

Dass du mich in Stücke zerreisst, nur um mich dann fallenzulassen.

Dass du mir die Augen auskratzt. Nur so zum Spass.

Dass du mit mir schläfst. Nur um mich zu vergewaltigen und mich zu demütigen.

Dass du in mir den Teufel persönlich siehst.

Dass du mich folterst.

Dass du Gutes mit Bösem vergeltest.

Dass du sichergehen willst, dass ich nicht leben kann.

Dass du mich zur Sau machst.

Dass du Gott anflehst, er möge mich wieder zu Staub machen.

Dass du Satan bittest, mich ins Elend zu treiben.

Dass du mir alle Engel nimmst.

Dass du mir jede Nahrung nimmst.

Dass du mir alles nimmst.

120

Meine Gefühle.

Meine Empfindungen.

Meine Gedanken.

Mein Denken.

Meine Identität.

Am Schluss träume ich davon, dass du mich auslöschst. Nicht nur den Körper tötest.

Nein, dass du mich für immer und ewig austilgst.

So, dass es keine Spuren mehr gibt, die auf mich hindeuten könnten. Das es mich mal gab.

Und wie wünsche ich mir, dass du das alles tust?

Ich träume davon und wünsche mir, dass du das alles nur aus Spass machst. Einfach nur so zum Spass. Ohne Begründung und ohne Zeit mit einer allfälligen Motivation dahinter zu verschwenden.

Alles nur so zum Spass.

Das wünsche ich mir.

Davon träume ich.

«Opfer, gehe jetzt nach Hause und zu deiner Mutter heulen!»

Gott ist unter dem Tisch.

Er hat Angst. Selbst er.

Satan gibt es dort nicht. Es ist alles andere als teuflisch.

Er zieht sich aus. Nackt. Macht sich schutzlos.

Die Mädchen kommen und zwingen ihn unter dem Gelächter der anderen zum Sex.

Viele Mädchen. Alle Mädchen.

Sie hassen ihn nicht.

Aber sie machen sich über ihn lustig.

Nur so aus Spass.

Dann kommen die Jungs und vergewaltigen ihn.

Alle. Ohne Ausnahme.

Er schaut zu einem Mädchen, in der Hoffnung, dass es ihm hilft.

Es lacht nur, legt den Kopf zur Seite und zwinkert ihm schelmisch zu.

Als alle von ihm ablassen und sich wieder einander zuwenden.

Ihren Gesprächen. Ihren Geschichten.

Ihrer Liebe füreinander.

Denn ja, sie sind liebevoll zueinander.

Sie verstehen sich.

Da denken sie mit keinem Gedanken mehr an ihn.

Weder beschäftigt es sie, was gerade passiert ist, noch beeinflusst es ihr Leben in irgendeiner Weise.

Sie trifft keine Schuld.

Sie machten es nicht aus Bosheit.

Sie mussten sich dafür nicht aus ihrer Welt entfernen.

Sie machten nichts falsch.

Sie müssen sich nichts vorwerfen lassen.

Sie sind unbescholten.

Denn:

Er wollte es so.

Er hat sie provoziert.

Er hat es provoziert.

Weil er selbst was gegen sie hat.

(Und das war nur ihre Antwort)

Er denkt Übles.

Und, wer ein Opfer sein möchte, der wird es.

Und sie sagen:

Du hast uns auch verletzt.

Du hast uns zuerst verletzt.

Wir hätten sonst nichts gegen dich getan.

„Opfer, gehe jetzt nach Hause! Lasse uns in Frieden mit deiner Person! Mit deiner Weinerlichkeit, zur Schau gestellten Traurigkeit! Du gehörst nicht zu uns! Wirst es nie tun! Ade, Opfer, gehe zu deiner Mutter heulen!"

Hahaha

Hahaha

Hahaha

Hahaha

So chliii !

The night they drove old dixie down. Nein, in dieser Nacht habe ich nicht mit Joan Baez geschlafen. Denn diese war in der Nacht bei Bob Dylan.

Am Morgen war da der Stachel.

Sie war vor seinen Augen.

Den Mittag nahm er gar nicht wahr.

Am Abend heulte er.

Sprachlos

Wortlos.

Es wollte nicht raus.

Da frass er alles in sich hinein.

Sie kam.

Sie durchstreifte seine Gedanken.

Er wurde mitgerissen.

Was er spürte?

Ablehnung.

Auslachen.

von seiner Person.

von seiner Identität

125

von seinem Sein.

Sie lachte mit.

Sie half mit, ihn abzulehnen.

Indem sie ihn für sexuell nicht kompetent einstufte.

Und ihm verbot, seine Sexualität auszuleben.

In seinen Gedanken lachte sie nur dabei.

Ihre Worte seien ja nicht ernst gemeint.

Sie liess ihn zurück.

Sexuell gerade zurückgestuft auf vorsintflutliche Zeiten.

Identitätsmässig gekonnt degradiert.

Ein Jahr später rieb er seinen Penis mit einem tödlich giftigen Gewächs ein.

Er rieb sein Glied.

Der letzte Orgasmus aber blieb ihm vergönnt.

Inmitten von Bäumen, draussen unter freiem Himmel, starb er.

Niemand fand ihn je.

Denn: Niemand wollte ihn finden.

Er verfluchte sie Und sie redete nie wieder mit ihm.

Sie küsste ihn.

Er dachte, er sei hässlich.

Sie berührte ihn liebevoll.

Er dachte, dass er dumm aussehe.

Sie sprach mit ihm. Man merkte, dass sie ihn wirklich mochte.

Er dachte, dass er ihre Zeit vergeude.

Sie sagte ihm, dass sie gerne mit ihm schlafen möchte.

Er dachte, dass sie sich nur über ihn lustig machen möchte.

Ihn einem Anflug von Aggression schüttelte er sie ab. Ihre Hand glitt von seinem Arm.

Sie legte sich zu Hause auf ihr Bett und heulte ins Kissen. Er hatte sie gerade eben so verletzt.

Er ging nach Hause und dachte immer nur, warum er so dumm ausgesehen hatte und sie sicher nur mit ihm geredet hatte, weil sie höflich sein wollte.

Er begann sie zu hassen.

Und sie fühlte sich zurückgewiesen.

127

Sie redete nie wieder mit ihm.

Suizid? Nicht in diesem Leben. Vielleicht dann im nächsten.

Suizid?

Nicht in diesem Leben.

Vielleicht dann im nächsten.

Oder doch schon morgen?

Oder übermorgen?

Schmerzen, die nicht verschwinden.

Wunden, die nicht heilen.

Sehnsüchte, die nicht gestillt werden.

Gedanken, die sich festgesetzt haben.

Frauen, die vorbeigehen.

Männer, die Angst machen.

Hin- und hergerissen.

Desillusion.

Resignation.

Und Stagnation?

Die Hölle auf Erden heisst nicht, dass es brennt und der Teufel schnaubend umhertigert.

Hölle auf Erden kann auch subtil sein.

Wenn von aussen nichts sichtbar ist.

Wenn niemand es wahrnimmt.

Wenn es einfach in dir drin ist.

Und nur du es erlebst.

Ohne Teufel. Ohne brennenden Schwefel.

Ohne Brandgeruch.

Es mögen nur Gedanken sein.

Und trotzdem ist es real.

Ist sie real.

Deine Hölle auf Erden.

Betrüger! Lügner! Alter, so geht das nicht!

Am Altar da vorne opfert er sich selbst.

Seine Träume. Seine Empfindungen. Seine Gefühle.

Seine Wünsche. Seine Begehrlichkeiten. Seinen Geschmack.

Am Schluss: Sein Leben und seine Identität.

Zwar nicht mit Blut, dafür bezahlt er mit seinem Herzen.

Für eine Person.

Die er nicht kennt.

Die er nie gesehen hat.

Jesus.

Sei verdammt!

Sei verflucht!

Ewig und für immer.

Dafür, dass du mich betrogen hast.

Mit einem gemalten Bild.

Voller Plattheit und oberflächlichem Ausdruck.

Mich meiner Träume beraubt hast.

131

Kirche.

Brenne!

Für immer!

Du hast mich in die Irre geführt.

Du hast mich gefangen und mir dann mit Religion den Kopf gewaschen.

Auf dem Altar liegt ein Herz, das langsam zu schlagen aufhört.

Jesus und die Kirche kommen und holen sich dieses tote Herz.

Sie haben ihren Job erfüllt.

Es WAR mein Herz.

Ich bin jetzt nur noch eine Hülle. Mein Selbst hat aufgehört zu existieren.

Der Altar wird gereinigt, bereit für die nächste Person.

Für das nächste Herz.

Fuck you, death!

Sie hat es verpasst.

Als sie heute Morgen aufgestanden ist, war sie noch zuversichtlich.

Als es dann aber darauf ankam, hat sie „es" verpasst.

Wie schon so oft zuvor.

Wie IMMER zuvor.

Flüche sind im Mittelalter zurückgeblieben, sagt man.

Aber für sie ist es ein Fluch.

Jetzt wartet sie auf ihn und hofft, dass sie ihn nicht verpasst.

Wie so oft.

Wie IMMER zuvor.

Er meldet sich per WhatsApp-Nachricht.

Er sei aufgehalten worden, weil „es" ihm im Weg gestanden habe.

Und „es" war unbarmherzig zu ihm. Ein Gegner der Liebe.

Ein Auto kam angefahren. Und erfasste ihn.

„Es" lachte nur und hatte seinen Dienst damit erfüllt.

Sie wartete deshalb vergeblich auf ihn.

Dann ging sie nach Hause, um am nächsten Tag „es" nicht zu verpassen.

Diesmal bestimmt nicht.

Und diesmal verpasste sie „es" nicht. Denn „es" wartete bereits auf sie.

An der Kreuzung. Und fuhr frontal in sie hinein. Sie war mit dem Velo unterwegs.

„Es" war nicht dieses Auto, das in sie hineinfuhr, aber es hatte daraufhin seinen Job erledigt.

Denn „es" war der Tod.

Sie starb noch auf der Unfallstelle.

Die beiden „es" (das „es" von ihm und das „es" von ihr) gingen daraufhin feiern.

Protzig gingen sie feiern. Mit üppigen Speisen. Mit Drinks. Mit Musik. Mit Tanz.

* * *

Der Tod wurde aber betrogen.

Denn die beiden, sie und er, kamen in eine neue Welt. Sie kamen nach Hause.

134

Und dort trafen sie sich jetzt auch. Für dieses Aufeinandertreffen waren sie bestimmt worden. Nichts konnte mehr dazwischenkommen. Denn der Tod hatte seine Karten verspielt. Er muss zurück auf der Erde bleiben und kann in dieser neuen Welt nicht mehr eingreifen.

Er ist der Verlierer. Auf der Erde kann er feiern solange er will und so viel er will. Aber er ist eingesperrt. Und merkt es noch gar nicht. Eingesperrt auf der Erde, von wo er nicht entfliehen kann.

Mag ich sterben oder weiterleben. Ach, was solls.

Wenn alle Strassen dunkel sind.

Wenn die Sonne dauerhaft von Wolken verdeckt ist.

Wenn es keine Nahrung mehr gibt.

Wenn jede Seele nur noch schreit.

Wenn die Nacht immer bleibt.

Wenn das Dunkel nie mehr weg geht.

Wenn jedes Lied verstummt ist.

Wenn ich keine Melodie mehr in meinem Kopf habe.

Wenn die Schönheit vergangen ist.

Wenn die Angst mich vollständig übermannt.

Wenn meine Augen dunkel werden.

Wenn meine Nase nichts mehr riecht.

Wenn mein Geschmackssinn verloren gegangen ist.

Wenn ich mich selbst nicht mehr kenne.

Wenn ich mich verloren habe.

Dann denke ich noch ein letztes Mal an dich.

Denn du bist so schön.

Und dich anzuschauen erwärmt mein Herz.

136

Wenn ich dann ein letztes Mal an dich gedacht habe,

dann möge kommen was da wolle.

Möge es der Tod sein oder neues Leben.

Mein Herz wurde nochmals erwärmt.

Du hast mich nochmals zutiefst berührt.

Deine Schönheit hat nochmals zu mir gesprochen.

(Ah, jetzt weiss ich auch, warum Jesus schrie, als er geboren wurde. Dieses weisse Kreuz auf rotem Grund ertrug er nicht.)

Oh Weihnachten, oh Weihnachten!

Wie lieb ich dich.

Ein kleines Baby wurde geboren.

Maria hat entbunden.

Josef stand ratlos daneben.

Die Engel sangen.

Die Hirten heulten.

Die Schafe blökten.

Die drei Könige reisten und reisten.

Kamen einfach nicht am Ziel an.

Dieser verdammte Stern führte sie im Kreis herum.

Dann schrie Jesus.

Das kleine Kindlein.

Denn es erschrak.

Als es Maria und Josef sah.

Seine Eltern.

Und Gott?

Er liess dieses Kindlein erstarren in seinem Schreck.

Tat er sonst noch was.

Nein.

Eben: Nichts.

Ich schreite in diesen Tagen durch die Stadt.

Durch die Städte dieses schönen kleinen Landes.

Inmitten von Käse und Schoggi.

Behütet.

Fremdenfeindlich.

Crèmeschnittenschöne Entspannung.

Geniessen wir unsere hart verdiente AHV.

Kämpfen für unser Land.

Sagen sie. Sagen wir.

Aber was ist denn unser Land eigentlich?

Wartet schnell. Ich muss nur schnell kotzen gehen.

Bin grad wieder zurück.

Wartet nochmals kurz.

Ich muss schnell, schnell meine Fahne mit dem schönen Kreuz drauf holen.

139

Ah, jetzt bin ich wieder zurück.

Singen wir. Singen wir.

Auf unser Land.

Auf die Schönheit unseres Landes.

Auf unsere Bewohnerinnen und Bewohner.

Und: Schliessen wir bitte jetzt alle aus, die nicht in unser Land gehören.

Ja, denn es ist Weihnachten.

(Ah, jetzt weiss ich auch, warum ganz genau Jesus schrie, als er geboren wurde. Maria und Josef waren Schweizerin und Schweizer. Und dieses weisse Kreuz auf rotem Grund ertrug er nicht).

Ohne Titel. (Denn ich bin ja auch ohne dich)

Du bist klein.

Sage ich zu mir.

Sie.

Ist irgendwo da draussen.

Vielleicht.

Oder auch nicht.

Es klappt.

Nicht.

Weil.

Fragezeichen.

Weil.

Komma.

Du.

Mich.

Nicht.

Suchst.

Fragezeichen.

Oder.

Komma.

Weil.

Du.

Mich.

141

Nicht.

Willst.

Fragezeichen.

Ich weiss es nicht. Ich denke an dich. Stelle dich mir jedenfalls vor.

Dann widme ich mich wieder dem Kaffee und anderem.

Irgendwie bin ich müde. Und irgendwie habe ich Durst. Und Hunger.

Und mich friert.

Meine Seele ist nur durch einen ganz dünnen Vorhang von der Umwelt getrennt.

Von dir.

Und dieser Vorhang oder Umhang ist zu oft zu wenig dick.

Dann verliere ich den Horizont. Den Orientierungspunkt.

Und ich verliere mich.

142

Und denke dann, dass ich mich nicht wiederfinden werde.

Die Welt scheint nicht nach meinen Synapsen abzulaufen.

Ich scheine nicht kompatibel mit der Welt und den Menschen darin.

Wie das alles funktioniert.

Aber trotzdem kann ich mich dieser Welt nicht entziehen.

So einfach lässt sie sich nicht switchen.

28.12.2018. 09:25. Ich denke an dich.

Der Morgen hat begonnen. Ich bin traurig. Ich denke an dich. Ich verdamme mich. Ich verfluche mich. Ich hasse mich. Ich halte diese Welt nicht in meinen Armen. Und sie mich auch nicht. Ich will bei dir sein und mal Pause machen.

Manche sehnen sich nach dem nächsten warmen Kaffee, nach dem nächsten schönen elektronischen Produkt oder nach weiss nicht was allem. Ich sehne mich nach meinem Platz. In dieser Welt. Ich sehne mich danach, irgendeinen Sinn zu finden. Und dem ganzen Weihnachten zu entfliehen.

Und ich sehne mich nach dir.

Obwohl die ganze Welt sagt, dass man es kann. Ich kann nicht lustig sein ohne dich.

Ich kann die Welt nicht positiv sehen ohne dich.

Ich kann niemanden umarmen ohne dich.

Ich kann mich nicht selbst lieben ohne dich.

Ich kann mich nicht wohl fühlen ohne dich.

Ich kann niemanden retten ohne dich.

Ich kann nicht wütend werden ohne dich.

Ich kann nicht glücklich sein ohne dich.

Ich kann nicht fluchen ohne dich.

144

Ich kann nicht ermutigen ohne dich.

Ich kann nicht untergehen ohne dich.

Ich kann nicht überleben ohne dich.

Und: Ich kann nicht leben ohne dich.

Zumindest nicht auf eine schlaue Art.

Achtundzwanzigsterzwölfterzweitausendunda
chtzehn. Neunuhrfünfundzwanzig. Ich denke
an dich.

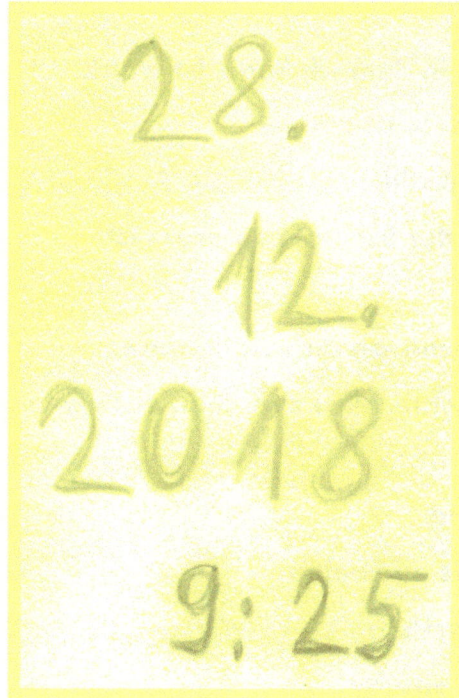

145

Ach, ach, ach. Der Weihnachtsmann ist voll scheisse. Denn: Rot hat mich schon immer aggressiv gemacht.

Am Boden geht ein Wind. In mich dringt er still. Und macht mich kalt. Ich friere und höre Stimmen aus einer anderen Welt.

Wir kommen dich holen. Wir sind schon da.

Wir haben dir etwas mitgebracht.

Angst und dunkle Gedanken.

Das Bett, in dem ich liege, ist weich.

Meine Seele ist schwer.

Ich denke still.

Obwohl der Schmerz so gross ist.

Ich versuche, an dich zu denken.

Ich wünschte, alles zwischen uns wäre gut.

Sanft.

Berührend.

Von Seele zu Seele.

Ohne Worte.

Einander spüren.

146

Auf einer dritten Ebene.

In einer anderen Welt.

Ich halts nicht mehr aus.

Ich gehe.

Stille. In dieser Welt.

Denn meine Gedanken, die mich Tag für Tag
heimgesucht haben, sind mit mir gegangen.

Die andere Welt hat mich geholt.

In meinem Inneren wusste ich es: Ich gehöre
nicht in diese Welt. Ich komme von einer
anderen Welt.

Alles Eso-Fritze?

Nein, es MUSS mehr geben!

Auch wenn man (oder ich) manchmal
überhaupt nichts mehr möchte. Auch nicht
nochmals „mehr".

Mein Handy wollte mit mir Liebe machen. Fast fiel ich darauf herein, denn auf dem Bildschirm flackerte ein rotes, süsses Herzchen. Als meine Freundin das Handy berührte, wurde es knallrot. Dann wurde der Bildschirm schwarz vor Scham.

Liebe. Kann ich dich kaufen? Wieviel willst du?

Schönheit. Liegst du wirklich nur im Auge des Betrachters?

Klugheit. Wie oft bist du gescheitert?

Mensch. Schwach, lebt auf dem Planeten Erde, vermehrt sich mit seinesgleichen, indem er sogenannte „Liebe macht", jedoch dies oft nichts mit Liebe zu tun hat. Kann egoistisch sein, böse, zynisch, brutal. Manche sagen, er sei gleich wie die anderen Tiere, nur dass er das einzige Tier sei, dass seine Umwelt, die er zum Überleben braucht, zerstöre.

Ich liege neben dir und wir lernen.

Wir lernen Dinge, die uns frei und freier machen.

Wir lernen die Liebe.

Wir lernen, uns ganz sanft zu berühren.

148

Wir lernen, aufeinander einzugehen.

Wir lernen, den anderen nicht zu verletzen, wo er oder sie sich verletzlich macht.

Wir lernen, dass unsere Liebe wichtig ist.

Wir lernen, dass es eigentlich das Wichtigste ist, wie wir miteinander umgehen und was wir einander geben.

Die Gesellschaft, in der wir leben, hat das genau umgekehrt.

Das Funktionieren, der gute Schein, das Darstellen, das Repräsentieren haben die wahre Liebe ersetzt.

Das ist tragisch und hat wohl das Potenzial, eine Gesellschaft von innen zu zersetzen und zu zerfressen.

Ich und du.

Wir denken jetzt nicht mehr.

Wir spüren unsere Herzen.

Wir spüren den Atem des Anderen/der Anderen.

Auch den Lebensatem.

Wir spüren unsere Körper.

Wir spüren den Anderen/die Andere tiefer, wenn wir still sind und lauschen.

Und uns nur auf uns, den Anderen/die Andere konzentrieren und fokussieren.

Mama, Papa!

149

Das ist neu für mich!

Diese Erkenntnis ist irgendwie wirklich neu für mich!

Was Liebe ist und wie wichtig Liebe ist.

Meine Liebe.

Die Liebe von meiner Liebsten.

Zu meiner Liebsten

Es geht nicht um rosarote Herzchen.

Nicht um kitschige Romantik.

Es geht um mehr.

Es geht um alles.

Es geht um dich und mich.

Um das Leben.

Um uns.

Mal fertig mit lustig.
Beginnt zu weinen

Wenn ich an dich denke, dann muss ich konstatieren, dass du dich mir nie nackt gezeigt hast.

Ihr alle habt euch mir nie nackt gezeigt.

Niemand von euch.

Nie.

Ich sitze da und schluchze.

Den Kopf in meine Hände vergraben.

Ihr habt mich verletzt.

Mich weggeworfen wie eine leere Büchse Cola.

Mich abgestempelt.

Als sexuell uninteressant.

Als Mann nicht begehrenswert.

Vielleicht als Mensch, ja.

Aber nicht in seiner Ganzheit.

Ich sage nicht, dass ich euch vergebe.

Ich sage auch nicht, dass ich euch entschuldige.

Ich sage nicht, dass ich euch verstehe.

Denn nein, ich verstehe euch nicht.

Ich verstehe nicht, wie man/oder frau so knallhart verletzen kann.

Der Schmerz ist so tief.

So gross.

Tut so weh.

Und lässt mich nicht los.

Immer wieder taucht er auf.

Meine Umwelt sieht diesen Schmerz nicht.

Oder kaum.

Ich werde als gutbürgerlicher Normalo angesehen, dem es doch eigentlich gut geht.

Aber dass ich vielleicht wirklich Schmerzen habe, die sehr wehtun, geben mir die Wenigsten.

Aber nur weil ich vielleicht unscheinbar und im Gespräch lustig und aufgestellt bin/wirke, heisst das nicht, dass es mir wirklich gut geht und es in meinem Inneren nicht viel komplizierter ist.

Der Spagat zwischen dem gutbürgerlichen Alltag und Verhalten und meinem Drang zum Besonderen zerreisst mich manchmal fast. Und tut so weh. Denn es sind zwei so verschiedene Welten. Und irgendwie versuche ich beiden gerecht zu werden.

152

Beginnt zu weinen

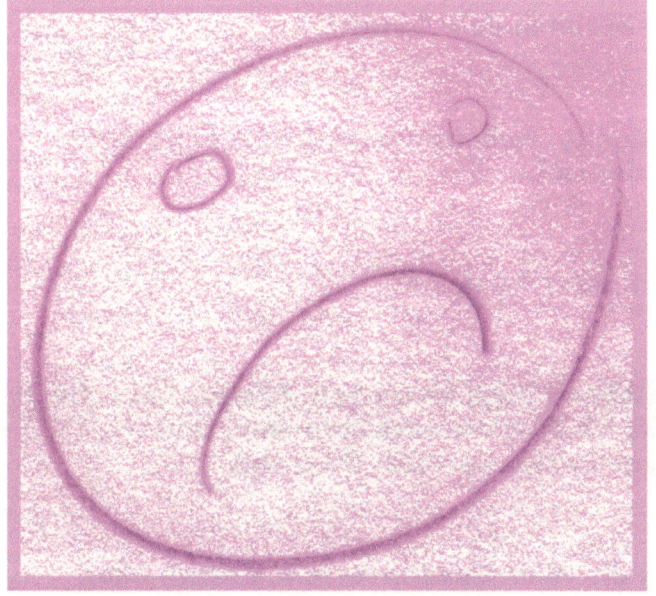

153

Heute Nacht werde ich kotzen gehen. Ich weiss es. Dann werde ich was essen gehen. Nur noch Liebe soll es sein.

Ich schaue in dein Gesicht.

Ich denke, vielleicht versuche ich es nochmal mit der Liebe.

Jetzt. Jetzt. Jetzt.

Am Abend liege ich im Bett. Alleine. Aber dafür habe ich Zeit, um nachzudenken. Und um etwas zu spüren. Mich. Dich. Uns.

Und die Welt. Das Universum. Einfach alles, was mich umgibt.

Entspannung. Ich schlafe ein.

Mitten in der Nacht wache ich auf. Ich muss kotzen.

Ich kotze alles raus, was mich so lange begleitet hat.

Mein Penis schaut zu. Wie die ganze Kotze in die Kloschüssel fällt.

Grüner verdammter Scheissschleim.

Aber alles ist jetzt draussen.

Verpiss dich, du grausiger Schleim. Fort mit dir!

Ich schlafe dann wieder ein.

Am nächsten Morgen empfängst du mich.

Ich weine, nee, ich heule. Alles war so furchtbar.

Jetzt durchströmt Wärme meinen Körper.

Ich denke, nein ich spüre.

SO VIEL LIEBE!

Nur so zum Spass tauschten wir schnell unsere Seelen. Ähm Schatz, könnten wir sie wieder zurücktauschen?

Vor dem Sex ging ich noch kurz nach Draussen. Eine rauchen.

Nach dem Sex meldete sich meine Seele. Ich hatte sie ganz vergessen.

Denn während dem Sex hatten wir unsere Seelen getauscht. Seele gegen Seele.

Ich laufe jetzt mit deiner Seele rum. Und du mit meiner.

Ich denke, beim nächsten Sex könnten wir sie wieder zurücktauschen.

Ok?

Planet Erde an Planet Liebe! Nein, wir haben kein Problem! Uns gehts super!

09.01.2019, 19:48 Uhr.

Du hast mir grad gesagt, dass du mich liebst. Also so richtig.

Wir versuchen es.

Ich versuche es.

Du versuchst es.

Wir sind wieder ganz jung.

Wir singen wieder Lieder von Fabelwesen.

Wir spielen in dieser Welt, als ob wir die Realität noch nie gesehen hätten.

Wir haben beide noch nicht fertig ausgeschöpft.

Wir sind nicht am Ende.

Eher so am Anfang.

Wir sind Forscher.

Auf dem galaktischen Planeten der Liebe.

Wir sind dort die ersten, die diesen Planeten je betreten haben.

157

So fühlen wir uns.

Den Planeten Erde sehen wir von oben.

Uns sieht keiner.

Wir sind draussen.

Wir sind Liebe.

Wir sind uns.

Ich erinnere mich an die Zeit zurück, wo unsere Hände immer füreinander da waren. Jetzt fehlt deine Hand.

Ich war lange weg.

Ich habe Liebe gesucht.

Ich habe sie nicht gefunden.

Ich habe dich vor langer Zeit verlassen.

Ich will dir sagen, mir tuts leid.

So leid.

Wie geht es dir?

Ich bin grad müde.

Grad leer.

Grad nicht auf der Überholspur.

Mir ist grad kalt.

Meine Beine sind grad nicht sehr stark.

Und ich für vieles schwach.

Ich denke an dich.

Wie du riechst.

Deine Haut.

Dein Mund.

159

Deine Haare.

Wie es sich anfühlt, dich zu umarmen.

Wie es sich anfühlt, mit dir Liebe zu machen.

Ich weiss nicht, ob ich mich schon mal richtig entschuldigt habe.

Bei jemandem.

Für etwas.

In meinem Leben.

Gib mir noch ein bisschen Zeit.

Ich brauche noch Zeit.

Ich gehe schrittweise voran.

Ein Schritt nach dem Anderen.

Damit ich mich dann bei dir für alles entschuldigen kann.

Was geschehen ist.

An diesem Abend.

Ich verliess dich damals.

Für immer.

Dachte ich.

Aber in meinen Gedanken habe ich dich nicht verlassen.

Vielleicht hätte ich gekonnt.

Aber ich wollte es nicht.

Es war meine Entscheidung.

Jetzt denke ich an dich.

Vor dem Einschlafen.

Nach dem Aufstehen.

Und die ganze Zeit dazwischen.

In träume von dir.

Anfang und Ende kommen wohl nicht immer
wieder zusammen.

Aber ich denke an dich, ich schreibe über dich,
ich singe Melodien für dich, ich...

Was kann ich denn mehr tun?

161

LetterTOyou.

Du bist ganz blau.

Du bist sehr rot.

Du bist wild.

Denke ich.

Du bist verwegen.

Du bist ehrlich.

Du bist kraftvoll.

Du bist unkonventionell.

Du kannst kurz angebunden wirken.

Bist es aber nicht wirklich.

Du bist manchmal echt orange.

Du wünschst dir den roten Abendhimmel.

Den späten Sonnenaufgang.

Und die Nacht der Träume dazwischen.

Du sprichst mich an.

Du redest zu mir.

Aber noch mehr zu meinem Herzen.

Du hältst Ausschau nach einer Seele.

Die berührt werden will.

Du trägst deine Seele.

Immer bei dir.

Und lässt dich nicht abschrecken von ihr.

Manchmal bist du weiss.

Wenn du ganz im Reinen bist.

Mit dir, mit der Welt.

Du kannst tanzen und du kannst singen.

Du bist besonders und doch auch normal.

Du suchst und du findest.

Und hoffst und du glaubst.

Du weisst auch ein paar Dinge schon.

Wie ein Vogel fliegst du.

Wie ein Ballon schwebst du.

Dem Himmel entgegen.

Dort wo dich die ganze Liebe erwartet.

Wo deine Gedanken geklärt werden,

deine Seele erlöst,

dein Geist geliebt

und dein Körper in den Arm genommen wird.

Für mich hat die Welt hier ein Ende. Denn was ist, wenn am Ende des Tunnels kein Licht scheint.

Bevor ich gehe, gibt es nicht mehr viel zu sagen.

Über einige Dinge bin ich traurig.

Über manches vergiesse ich immer noch Tränen.

Aber diese Welt zurückzulassen, darüber vergeude ich keine Träne.

Vielleicht die Leute, die ich liebte.

Und vor allem: Die mich liebten.

Aber sonst, was hat mir diese Welt schon gegeben?

Viel Trauer, viel Ablehnung, viele dunkle Stunden, viele Selbstzweifel, viel Unwohlsein.

Manchmal jede Minute. So viele Gedanken der Angst. Soviel Anklage.

Warum kann man nicht einfach gehen?

Einsteigen und in eine andere Welt fliegen.

Wo man nicht so viel zu kämpfen hat.

Wo nicht jeder Tag so hart ist.

164

Wo die Gedanken wirklich frei sind.

Wo man das Gute sieht.

Das Schöne und viele neue Wege.

Hier auf dieser Welt sehe ich manchmal nur einen Weg.

Ein Weg voll mit Dornen und mit Hindernissen, die nie aufzuhören scheinen.

Dumpf im Hintergrund höre ich etwas von Liebe.

Von Wohlsein und von mit-sich-selbst-im-Reinen-sein.

Im Hintergrund.

Und: Selbst mir vergeht einmal der Humor.

Mit Humor habe ich versucht, so vieles zu überwinden.

Versucht.

Aber was, wenn die Energie einfach mal ausgeht?

Und alles dumpf und perspektivlos scheint?

Wenn ich jetzt wünschen könnte und diese Welt verlassen könnte.

Hinein in eine leichtere Welt.

Dann würde ich wohl auch wieder Weihnachten feiern. Ein letztes Mal.

Und das wäre dann mein Weihnachtsgeschenk:

Diese Welt zu verlassen.

wortlos leiden

Ich und du gibt nicht zwei. Auch nicht eins. Auch nicht mehr oder weniger. Ich und du gibt nur Trauer, unausgesprochene Schmerzen, suchende Seelen und gebrochene Herzen. Ich und du: Das WAR.

Jetzt sind wir zersprengt, auseinandergetrieben, von Furcht umgeben, im Angstbad zuhause. Ja, ich und du. Das war einmal.

Wenn ich die Melodie nicht (wieder-)finde, dann verabschiede ich mich halt. So einfach ist das.

Oder etwa doch nicht?

Wenn du mich suchst, dann werde ich nicht mehr da sein. Warum?

Mich hat nichts mehr gehalten. Ich konnte nicht mehr halten. Und ich konnte nichts mehr aushalten. Und nichts konnte mich mehr aushalten.

leben in einer höhle

Ich lebe in einer Höhle. Umgeben von deinen Gedanken, die mich am Leben erhalten. Jedes Mal, wenn ich einen deiner Gedanken nehme, und ihn in mir drin zulasse, werde ich erhellt und Weisheit und ein neuer Blick für das Ganze macht sich breit.

Ich weiss nicht, ob ich diese Höhle verlasse oder verlassen soll. Um zu dir zu kommen.

Und ich weiss nicht, ob du diese Höhle findest. Sie liegt versteckt und es braucht besondere Gaben, um sie zu finden.

Aber das traue ich dir eigentlich zu. Weil du gut im Rätsel lösen bist.

Denke ich.

es war alles zu gross. zu gross und zu viel.

Die Badewanne steht voller Blut. Ich bin am Verbluten. Ich habe mich hineingelegt und gewartet, bis das Blut aus meinem Körper herausspritzt.

Du hast mich gestern angerufen und wirre Dinge gesagt. Der Dachs werde kommen und zu mir sprechen. Und: Der Grünspecht werde auf mich hören und mich loben.

Während dem ich verblute, kommt der Dachs und spricht zu meinem Herzen. Dinge, die mir bis jetzt verborgen waren. Dann kommt der Grünspecht, und lässt sich von mir mit Liebe füllen. Dann fliegt er tief berührt weg. Er kannte mich vorher nicht.

Dann verblute ich ganz.

Mein Leben war ein Leben des Fühlens und des Berührens. Manchmal auch des Verzweifelns.

Nicht alle sahen das.

die nacht war ein kampf.
am tag bist du gestorben.

Ich schaue kurz zu dir rüber. Du atmest noch. Und ich auch. Das ist gut. Denn letzte Nacht war schwierig und der Tag begann mit Blumen, die nach dieser Nacht verwelkt waren. Ich traf dich bei den Blumen. Du lachtest hysterisch, dann spucktest du auf diese Blumen. Ich schaute dem ganzen zu. Ich war erschöpft. Zu müde, um etwas zu sagen.

Jetzt nehme ich deine Hand. Sie ist kalt. Dein Atmen hat aufgehört.

Du bist gestorben.

Ich denke nicht mehr.

Mir wird ganz schwarz.

Ich kann keinen Schmerz spüren, und will jetzt keine Gefühle haben, mit denen ich klarkommen müsste.

Ich habe dich geliebt.

Jetzt ist alles zu viel.

blau. frei. und was noch?

Viele Worte. Ich dachte viel. Du auch. Ich wollte dich fühlen. Jetzt sehe ich Dinge. Ich wollte nicht. Ich sah sie trotzdem. Ich wollte mehr. Zuviel?

Und am Ende? Was werde ich dann sagen? Was denken?

Meine Asche soll in die Weite gestreut werden. Denn die Weite suchte ich mein ganzes Leben lang. Manchmal vergebens. Oft auch erfolgreich.

Ich komme aus den Bergen, aber mich zieht es zum Meer. Endlos scheint es zu sein und überzogen vom Wind der Freiheit.

der regen, der heiler?

Es regnet. Ich setze mich in eine Pfütze und zerreisse feierlich den Regenschirm, den ich mitgebracht habe. Ich lache, weil ich nicht weinen möchte. Überhaupt kann ich nicht sagen, ob die Sonne heute noch scheinen soll. Wenn der Regen heilsam ist, dann soll es heute nicht damit aufhören. So, dass diese Pfütze zu einem kleinen See wird und ich mich darin baden kann.

Wenn die Sonne violett, oder orange, oder türkis scheinen würde, dann darf sie morgen wieder scheinen.

Aber das helle, grelle Gelb halte ich nicht aus. Es kommt meinem inneren Bau ganz und gar nicht entgegen.

Violett. Dann blau, dann gelb, dann pink. So suchte ich dich.

Während dem ich dich anschaue, zerspringt das Glas. Ich schaue auf die Scherben, nehme sie und stecke sie mir in den Mund und schlucke sie alle. Ich kann dich nicht mehr anschauen. Du kommst zu mir herüber und legst deine Hand auf mich und berührst meine Schulter.

***

Als ich das nächste Glas sehe, wird mir übel. Ich sehe die Welt plötzlich ganz violett. Du bist verschwunden. Ich kann dich nicht mehr finden. Ich mache mich auf die Suche, dich irgendwo zu finden. Jetzt sehe ich die Welt blau, am nächsten Tag gelb und am übernächsten pink.

Ich finde dich schliesslich. Du bist eingeschlossen in mir und willst raus. Du zerreisst mein Herz und zerquetschst meine Lungen. Dann bist du draussen.

Ich sterbe dabei. Du überlebst.

Meine Zeit wird kommen, habe ich gedacht, aber sie kam nie.

***

Jahre später bist du wieder mal an meinem Grabstein. Du legst deine Hand darauf und sprichst ein kurzes Gebet. Du hast ein Glas dabei und legst es neben den Grabstein. Das Glas ist ganz und nicht zersplittert. Es zerspringt auch nicht, als du es neben den Grabstein gelegt hast. Es bleibt ganz.

Als du gehst, denkst du nicht mehr. Du glaubst.

Im Meer der Tränen gefangen. Durch die Gedanken verzweifelt. In der Einsamkeit aufgegeben.

Wenn Traurigkeit kommt, dann bin ich auf dem richtigen Weg.

Wenn die Leere nicht mehr so drängend ist, dann komme ich zur Ruhe.

Wenn ich weiss, dass ich mich auch alleine nicht schlecht fühlen muss, dann gehen die Sorgen weg.

***

Als ich am Meer war, da vergass ich alles um mich herum. Ich wusste gar nicht, dass ich mich selbst mögen kann und nicht immer jemanden brauche, um mich zu mögen. Irgendwie ein recht spezielles Gefühl, aber ich konnte spüren, wie ich mich selbst gernhatte und das genügte in dem Moment.

Als die Sonne unterging, schlief ich ein. Als es Morgen wurde und die Sonne wieder aufging, ging ich Richtung Wasser. Ich lief hinein und wusste genau, dass ich nicht schwimmen kann. Aber ich wollte nicht mehr.

Trotz allem.

Als mich das Meer immer mehr einnahm, wegspülte und schliesslich unter sich begrub, dachte ich an die Sonnenblume. Obwohl häufig mit anderen Gefährtinnen und Gefährten umgeben, wächst sie doch alleine, lebt alleine und ist mit sich selbst. Denn nur sie lebt ja in sich. Sie mag gelb sein, aber das heisst nicht, dass sie nicht manchmal auch einsam ist. Und damit kann nur sie selbst umgehen.

Manche können es.

Und manche auch nicht.

***

Wenn Traurigkeit kommt, falle ich oder blühe auf.

Wenn Leere da ist, dann schaffe ich es, sie mit Dingen von mir zu füllen. Mit Anteilen von meiner Persönlichkeit. Oder ich schaffe es auch nicht.

Wenn ich alleine bin oder mich einsam fühle oder einsam bin, dann kann ich daraus gestärkt hervorgehen, wenn ich in der Einsamkeit zu mir finden kann.

Oder ich kann dabei sterben.

Delphine sind nicht traurig und Elefanten sind nicht dumm.

Sie sagte mir, dass ich in Ordnung sei. Dass mit mir alles in Ordnung wäre.

Es musste eine Frau sein, die mir das sagte.

Von Mann zu Mann ging offenbar nicht.

***

Als ich an jenem Morgen aufstehen wollte, stürmte es draussen. Mein Leben wollte ich wirklich in diesen Eimer werfen, der das Wasser von der Decke auffing. Denn die Decke tropfte.

Ich stand auf. Ging ins Bad. Liess das Wasser in die Badewanne einlaufen und wollte mich dort dann umbringen.

Dann riefst du an, ob wir uns treffen könnten.

***

178

Du erzähltest vom Regenbogenfisch, der seine Mama suchte und den Vater fand. Du erzähltest von riesigen Elefanten, zahmen Krokodilen, singenden Delphinen, fiesen Fliegen, von Sehnsucht und Leben, vom Lieben und Sterben, von kleinen und grossen Dingen.

Ich schaute dich an und langsam wurde ich ruhig. Als wir uns verabschiedeten beschloss ich, es nochmal zu versuchen. Halt nochmal und nochmal. Wenn es sein muss.

***

Ich bin in Ordnung, dachte ich dann später an diesem Tag. Draussen stürmte es immer noch.

In mir wird es auch noch oft stürmen. Aber wenn ich eigentlich ok bin, dann kann ich doch Zuversicht haben. Oder?

Im Meer gibts keine Fische mehr.

Im Meer gibts keine Fische mehr.

In der Arktis kein Eis mehr.

Im Himmel keine Sterne mehr.

Auf der Erde kein Gras mehr.

Die Tiere sind gegangen.

Die Menschen verhungert.

Die Sonne hat alles verbrannt.

Vom Mond gibt es nur noch die dunkle Seite.

Was bleibt?

Eine Erde, die mal geblüht hat, aber jetzt verwüstet ist.

Menschen, die sich mal geliebt haben, aber am Schluss nur noch hassen konnten.

Tiere, die sich wohlfühlten, aber dann zugrunde gingen.

Eine Natur, die sich einmal preiste, dann aber allen Glanz verlor und einging.

Und der Mensch dachte immer, er sei die Krönung von allem.

Bis er gnadenlos einging und alles zerstörte.

Am Schluss auch sich.

180

Der Fisch im Meer wurde blutrot, als ich hineinwatete.

Heute Nacht gehe ich ins Meer und ertränke mich. Ich tue es, denn ich will leben. Wenn das Meer mich sanft und fürsorglich aufnimmt, dann möchte ich darin weiterleben. Ansonsten definitiv nicht mehr.

Einmal da dachte ich, die Farbe Blau sei mir hold. Dann stellte sich heraus, dass es nicht blau war, sondern blutrot. Mein Herz wurde zerrissen, meine Seele gequält, mein Verstand ausgeschaltet, meine Gedanken von fremden Händen übernommen und meine Gefühle manipuliert.

Ich wollte lieben. Es ging nicht.

Ich wollte geliebt werden. Ich konnte es nicht spüren.

Ich wollte die Welt verstehen. Es gelang mir nicht.

Ich wollte dir näherkommen. Ich scheiterte.

Ich fragte dich etwas. Du antwortetest mir nicht.

Ich ging dann. Und du bliebst.

Als ich am Meer ankam, ging ich hinein und lud die blutrote Farbe ab. Der Schmerz dabei zerriss mich fast. Die Tränen schossen mir in die Augen. Ich dachte wirklich, dass ich jetzt sterben werde. Die Gedanken verurteilten mich. Die Schuld fühlte sich bleischwer an. Ein Weg schien nicht mehr zu existieren. Ausweglos.

Was dann geschah weiss ich nicht mehr. Plötzlich standest du neben mir und nahmst mich in den Arm. Du drücktest mich lange Zeit und ich konnte dich spüren. Und wahrnehmen, was du über mich dachtest.

Als du mich so annahmst, kam das Leben zurück. Und damit die Hoffnung.

Für jemanden da sein kann so viel verändern.

Als ich gestorben war, wurde das Meer wieder ruhig. Ja, haben wir das doch alle gewusst.

Schnell, schnell. Ich gehe mich ertränken. Solange ich noch klar denken kann. Mehr oder weniger jedenfalls. Denn die Schmerzen werden stärker mit jedem Atemzug, den ich noch nehme. Mit jedem Gedanken werde ich mehr und mehr zerrissen. Mit jedem Schritt, den ich in irgendeine Richtung gehe, fühle ich mich schuldiger. Mit jedem Blick, den ich auffange, werde ich unsicherer.

Jetzt, jetzt. Ich werde genommen und verurteilt. Ich bekomme die Höchststrafe. Dafür, dass ich nicht dazugehöre. Mir wird fehlende Sozialkompetenz vorgeworfen. Bösartigkeit. Egoismus. Fehlende Empathie. Und Unwille, das alles zu verändern.

Schau, schau. Ich gehe nun hinein ins Meer. Meiner Strafe entgegen. So werde ich ausgeschlossen. Denn ich habe versagt. So lautet das gefällte Verdikt. Die Strafe vollziehe ich grad selber. Ich gehe mich auslöschen. Bis nichts mehr von mir übrig ist. Bis niemand mehr auf dieser Welt auch nur noch einen Gedanken an mich verschwenden muss. Bis niemand mehr von meiner Gegenwart gestört wird und unwillentlich heimgesucht wird.

Weg, weg. Ich bin weg. Gegangen.

Der Schmerz war zu gross. Mein Herz
verblutet. Meine Seele verrissen. Und ich
erwürgt.

Denn niemand wollte mich.

Für alle ungewollten Menschen.

Sie flog gen Himmel. Sie verliess diese Erde. Für immer.

Sie sagte, sie fürchte den Tod nicht. Ich sagte, ich fürchte aber, wenn sie geht. Sie sass lange dort und dachte nach. Über ihr Leben und ihre Energie, die mehr und mehr zu einem Problem wurde, da die energielosen Löcher einfach nicht verschwanden.

Sie wollte gehen. Ich hielt sie zurück.

Sie wollte weinen. Ich küsste sie.

Sie wollte schlafen. Ich deckte sie zu.

Sie wollte nie mehr aufwachen. Ich blieb die ganze Zeit an ihrem Bett.

Sie wollte sich alle Haare abrasieren und kahl werden. Ich sammelte alle Haare vom Boden auf und bewahrte sie auf.

Sie wollte schwimmen gehen, aber nie mehr zurückkehren. Ich begleitete sie und hielt meine Augen auf ihr.

Dann sagte sie mir, dass sie jetzt definitiv nicht mehr könne. Dass sie alles versucht hätte. Aber die Energie kam jetzt gar nicht mehr zurück. Die Hoffnung blieb weg. Sie konnte Liebe nicht mehr spüren. Sie glaubte nicht mehr, dass jemand sie noch gernhabe.

185

Mein Herz wurde zerrissen. Meine Seele mit tausend Schwertern durchstochen. Mein Verstand verschwamm. Mein Körper zitterte. Der schlimmste Moment in meinem Leben. Ich dachte, ich sterbe gleich mit ihr.

Ich konnte sie nicht aufhalten. Denn wer kann über jemanden bestimmen und ihn oder sie nach dem eigenen Willen lenken.

Dann liess ich sie gehen.

Du wirst immer vor mir wegrennen. Und nie bleiben.

Am Morgen wache ich mit meinen Schmerzen auf. Mit meiner Traurigkeit, die über Nacht in mir schlummert und am nächsten Tag jeweils wieder aus mir hervorbricht.

Ich habe ein Herz, das mir wehtut.

Ich habe Gedanken, die mich nicht in Ruhe lassen.

Ich habe einen Körper, der rastlos wandert und immer wieder zu zittern beginnt.

Ich habe Ohren, die viel zu viel aufnehmen. Dinge, die ich nicht hören möchte.

Mein Mund möchte nichts mehr sagen. Denn jedes gesprochene Wort trifft es nicht wirklich.

Manchmal möchte ich nichts mehr denken.

Manchmal möchte ich das alles hinter mir lassen. Für eine Zeitlang oder für immer.

Manchmal denke ich an dich. Aber dann wird mir bewusst, dass ich dich nicht erreichen kann.

Dass du nie neben mir liegen wirst.

Dass wir nie zusammen die Strasse runter laufen werden.

Dass ich dich nie etwas fragen kann, was du nur mir sagen würdest.

Dass du mich triffst, aber immer wieder verlässt.

Dass es immer ein Verlassen geben wird.

Dass du nie bleiben wirst.

Nie.

Nie.

Nie.

Wenn ich am Abend schlafen gehe und in der Nacht aufwache, dann ist alles immer noch da. All die Traurigkeit. All die Sehnsucht nach irgendwas, dass ich vielleicht gar nie fassen möchte. All die Schmerzen meines Herzens. All die Schmerzen meiner Seele. All die Schmerzen, die meinen Körper durchdringen.

Einige Umarmungen zu wenig.

Einige liebe Worte zu wenig.

Eine Welt mit Sanftmut zu wenig.

Eine Welt, die vergibt, zu wenig.

Eine Welt, die aufhört, zu verurteilen, zu wenig.

Eine Welt, die zuhört.

Eine Welt, wo der Mensch noch Mensch sein darf.

Eine Welt ohne Angst.

Ohne nichtssagenden Lärm.

Ohne unbedeutendes Gerede.

Und das alles mit dir.

Das wünschte ich mir.

Vielleicht könnte ich dann besser schlafen.

Vielleicht würde auch ich dadurch zu einem besseren Menschen.

Und meine Schmerzen würden zumindest erträglicher.

Ohne dich schlafe ich ein.
Für immer.

Ich schaue aufs Meer hinaus und ich denke an dich. Hier versuche, ich ruhig zu sein und all die Verletzungen hinter mir zu lassen. Aber es geht nicht. Tränen kommen hervor und rollen über meine Wangen. Ich beginne zu weinen und ich spüre all die Schmerzen, all die Trauer, alle Wunden, alle nicht erfüllten Wünsche, die hervorbrechen und sich mit ganzer Wucht bemerkbar machen.

Du fehlst mir.

An dich denke ich.

Aber du bist jetzt nicht da.

Das tut weh.

So weh.

Ich liege jetzt am Ufer des Meeres und höre das Wasser und die Wellen, die am Ufer ankommen. Ich möchte alles hierlassen. Auch all die schweren Gedanken. Alle Schmerzen. Die ganze Trauer. Als ich einschlafe, höre ich noch immer das Wasser. Aber es beruhigt mich nicht wirklich. Schliesslich erlöst mich der Schlaf von meinen quälenden Gedanken.

Am nächsten Morgen bleibe ich dort am Ufer liegen. Bis am Abend. Bis zum nächsten Morgen. Bleibe liegen. Bis zum nächsten Tag. Tag für Tag, Nacht für Nacht bleibe ich liegen.

Bis ich zu wenig getrunken habe, zu wenig gegessen habe. Hunger habe ich aber nicht, Durst verspüre ich auch keinen. Denn ich werde von verurteilenden Gedanken und grossen Schmerzen heimgesucht. Meine Seele ist erfüllt von Anklage. Mein Herz blutet. Es ist am Verbluten. Am achten Tag schliesslich schlafe ich ein.

Und wache nie wieder auf.

Zuvor noch habe ich an dich gedacht.

Habe mir vorgestellt, dass du mich liebst.

Dass du auch an mich denkst.

Und dass du mich sehr magst.

Das Meer aber bleibt. Die Wellen brechen sich weiter am Ufer. Und das Wasser hört man wie zuvor.

Das Wasser schrie nicht, als ich schrie. Es blieb so stumm wie immer. Bis auch ich stumm wurde.

Als sie mich unter Wasser drückt, versuche ich zu schreien. Sie hält meinen Kopf fest in ihrem Griff und lässt ihn nicht wieder über Wasser kommen. Sie wartet so lange, bis ich aufhöre zu atmen und ertrunken bin. Sie hat mich gerade ertränkt.

***

Ich konnte mich nicht wehren, ich war hilflos.

Sie war stärker, mächtiger als ich.

Sie hatte die Kontrolle über mich.

Sie konnte mir Schmerzen zufügen, wann immer sie wollte.

Sie konnte mich quälen, wenn sie Lust darauf hatte.

Sie konnte meine Seele in ihre Hände nehmen und mit ihr spielen.

Lange oder kurz, angeblich sanft oder brutal und böse.

Ich konnte mich nicht wehren. Und ich WOLLTE mich nicht wehren.

Keine Gewalt.

Nicht zurückgeben, was sie mir angetan hatte.

Ich sage nicht, dass ich ihr jemals vergeben habe.

Aber ich schürte nicht absichtlich Hass gegen sie.

Und ich suchte nicht nach Rache.

Als sie mich ertränkte, da lachte sie. Und sagte mir so laut, dass ich es bestimmt hören konnte, dass ich kein Mann sei und ich viel zu schwach für eine Frau sei. Und sie hätte schon immer gewusst, dass ich ihr und generell keiner Frau je auf Augenhöhe begegnen können würde.

Als ich tot war, nahm sie meinen Körper und schleifte ihn in den Wald hinein, der neben dem See lag. Sie grub ein Loch und warf den Leichnam dort hinein. Mit Erde deckte sie das Loch zu.

Kein Grabmal wurde je erstellt, kein Kreuz oder was auch immer gab es. Nichts. Nichts sollte mehr darauf hinweisen, dass es mich je gab, dass ich je gelebt hatte.

Magie und Zwischenrufe.

Nein, das geht nicht, sagte sie. Ich habe Schmerzen und ich bin am Kämpfen. Ich kann dich nicht lieben. Ich bin dazu nicht fähig und ich bin einfach nur traurig. Wenn all das vorbei ist, dann können wir uns vielleicht nochmals sehen.

Nachdem sie das gesagt hatte, ging ich zum Fluss. Lief am Ufer entlang. Lief und lief und lief, bis ich zum See kam. Dort setzte ich mich und versuchte, den Sinn zu finden. Irgendeinen Sinn. Ob klein oder gross, unscheinbar oder schillernd, versteckt oder offensichtlich. Oder suchte ich vielleicht vielmehr nach der Liebe? Nach DER Liebe? Wenn ja, dann war ich da gerade enttäuscht worden. Ganz tief. Und sie könne nichts dafür. Hatte sie gesagt.

Es wurde Abend. Der Mond ging auf. Er war fast voll. Ich sah die Sterne. Ich spürte den Wind, konnte das Wasser plätschern hören. Und in einem dieser Momente begann ich wieder an die Liebe zu glauben. Ich glaubte auch erneut an uns. Dass es vielleicht doch etwas wird. Und eine Enttäuschung manchmal auch eine Täuschung sein kann.

Der Morgen kam. Der Tag ging vorüber. Die nächste Nacht kam. Der nächste Tag. So ging es weiter und weiter. Ich hoffte.

Doch: Ich hörte nie wieder etwas von ihr.

Meine Schmerzen: Viel zu tief, um sie zu beschreiben.

Meine Seele: Immer noch in Trauer mit dem Versuch, zu verarbeiten.

Mein Herz: Wollte ich ihr doch schenken. Ganz und gar.

Aber es kam nichts zurück.

Nichts.

Nie.

Ich fliege davon. Ich weiss nicht genau wohin. Vielleicht komme ich nie wieder zurück.

Es ist Abend, ich bin traurig und ich wünschte mir, dass ich gehen darf. Ich denke an dich. Du bist nicht da. Ich möchte dich suchen gehen. Doch ich weiss, das bringt nichts. Wenn ich dir schreibe, wirst du nicht antworten. Wenn ich dich anrufe, wirst du nicht abnehmen. Wenn ich für dich singe, wirst du es dir nicht anhören. Wenn ich an dich denke, denkst du ganz bestimmt nicht an mich.

Aber:

Wenn du singst, dann höre ich dir zu.

Wenn du mich anrufst, dann lasse ich alles fallen und renne zum Telefon.

Wenn du mir schreibst, schreibe ich dir nur allzu gern zurück.

Wenn du tanzt, dann bin ich hin und weg.

Und ganz bestimmt denke ich an dich.

Ach, nehme mich das Meer doch mit in seine Tiefen. Damit ich erlöst werde von meiner Trauer. Und ich nicht Liebe empfinden muss, wo sie nicht erwidert wird. Wo es nur noch Schlaf gibt und keine brennenden Tage voll quälender Gedanken. Wo meine Seele zur Ruhe kommt und mein Herz nicht mehr ständig von neuem zu bluten beginnt.

196

Das schreibe ich für dich.

Für mich.

Für all die Vögel, die fliegen und frei sind.

Für jede und jeden, der Fragen hat.

Und diese nicht so leicht beantworten kann.

Für die Biene, die Fleissige.

Für die Ameisen, die Tüchtigen.

Für die Blume, die nur wächst, wenn sie es geschehen lässt.

Und für alle, die lachen, obwohl sie sterben möchten.

Die singen, obwohl sie eigentlich am liebsten verstummen möchten.

Die tanzen, obwohl sie vor Kummer eigentlich ganz starr sind.

Für alle Verzweifelten.

Und depressiven Menschen.

Am Ende des Tunnels wartet die Belohnung fürs Durchhalten.

Ich weiss es nicht.

Grad nicht.

Sorry.

Die Band spielte einen letzten Song für mich.

Ich wollte mich heute umbringen gehen. Im Meer. Im Fluss der Dunkelheit. Unbemerkt. Von niemandem gesehen. Inkognito, sozusagen.

Trotzdem blieb es nicht unbemerkt:

Die Vögel schrien.

Gott krächzte.

Satan heizte nochmals richtig ein.

Die Engel fluchten.

Die bösen Geister stimmten die Gitarren und spielten ein letztes Mal für mich.

Die Verdammnis sang dazu.

Das Verderben spielte die Flöte.

Die Traurigkeit war am Schlagzeug.

Den Bass bediente ein blutendes Herz.

Am Klavier sass die zerstörte Seele.

Die Band nannte sich die unendliche Reise ins Nichts.

Kurt Cobain kam dann auch noch kurz vorbei und hatte einen Gastauftritt.

Ein Nirvana auf mich.

Aber: So wollte ich nicht sterben.

Nicht mit so viel Lärm.

198

Und ich liess die Band spielen und machte mich unbemerkt davon.

Aus der unmittelbaren Gefahrenzone heraus.

Zurück auf den Weg, von wo ich gekommen war.

***

Ich weiss nicht genau, wohin mich dieser Weg führen wird.

Aber er führt mich tendenziell weg von der Band und vom Todestal.

Vielleicht in Richtung Diversität.

In Richtung Offenheit.

Weg von Dogmen.

Weg vom Himmel.

Und weg von der Hölle.

Weg von Gott.

Und weg vom Teufel.

Weg vom Glauben an glöckelnde Engelchen.

Und zürnende Teufelchen.

Möge mich das Leben begleiten.

Mich mein Geist wieder beseelen.

Und meine neue Seele die wunderbaren Düfte dieser Welt wahrnehmen.

Möge mein Herz erleuchtet werden.

Und mein Denken zum Wahren erwachen.

Möge der Schmerz ruhen und die Verdammnis mich nicht mehr heimsuchen.

Möge alles besser werden.

Anders.

Und frei und freier.

200

Die Rose, die du mir gestern geschenkt hast, habe ich gegessen und dann auf den Tod gewartet.

Wenn die Wolken am Himmel weiss sind, dann mache ich sie dunkel. Wenn sie dunkel sind, dann mache ich sie ganz schwarz. Denn wenn es mir gut geht, sehne ich mich nach Melancholie. Und wenn ich melancholisch bin, dann möchte ich depressiv werden.

Habe ich die Wolken dann ganz schwarz gemalt, dann verfluche ich sie zum Abschluss, so dass sie ihren Platz am Himmel verlassen und ganz ganz tief fallen. Bin ich in einer Depression, dann wünsche ich mir selbst den Tod. Nur, damit ich falle. Tief und weit. Und mir dabei zusehen kann, wie ich falle. Ins Bodenlose. In ein unendliches Loch. Schwarz, schleimig und grausam böse.

Wer sagt denn, dass es Hoffnung gibt?

Wer sagt, dass wo Dunkelheit ist, auch irgendwo ein Licht scheint?

Wer sagt, dass sich kämpfen lohnt? Und dass aufgeben nicht die Lösung ist?

Wer sagt, dass das Leben gut und der Tod umso grausamer ist?

Wer sagt denn, dass das alles einen Sinn macht?

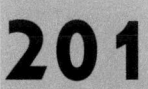

Niemand sagt es.

Niemand.

Im Himmel gibts keine Musik. Denn Gott hasst Musik.

Mahela, lang ists her. Franziska, wo bist du? Erste Liebe, wo sieht man sich mal wieder?

Am Ende kommt nicht noch mal ein Anfang.

Aus Liebe wird Schmerz. Und aus Schmerz wird eine Nacht ohne Lichter.

Aus dem Menschen wird ein grauenvolles Wesen.

Und aus Energie wird böse Stille.

Werde ich dich nochmal sehen? Bevor ich gehe.

Bevor ich hier alles zurücklasse.

Denn für meine Reise kann ich eh nichts mitnehmen.

Ich gehe, ich versprechs dir.

Wir küssen uns nochmal.

Wir machen nochmal Liebe miteinander.

Wir liegen nochmal aneinander gekuschelt im Bett.

Und wir trinken nochmal Kaffee zusammen am Morgen.

Wir sprechen nochmals lange miteinander über Gott und die Welt.

Dann umarmen wir uns lange und innig zum Abschied.

Jetzt ist Stille, dort wo ich gewandelt bin.

Ich habe nicht geweint, als ich gegangen bin.

Habe nicht nochmals auf diese Welt geschaut.

Ohne Wehmut und mit kühlem Kopf und klarem Verstand habe ich in den sauren Apfel gebissen.

Oder war er süss und vielversprechend.

Nicht mehr singen.

Nicht mehr tanzen.

Jetzt ohne Musik.

Kein Leben mehr.

Gegangen.

All diese Jahre waren dunkel. Ich habe nichts gefunden, aber auch nichts gesucht.

Du sagst, du hättest mich gern. Du sagst, dass du mich lieben würdest. Aber ich spüre, das stimmt alles nicht. Ich bin jetzt wieder so alleine, wie ich es zuvor gewesen bin. Und diesmal habe ich keine Energie mehr, es nochmals zu versuchen.

Ich glaube nicht mehr, dass jede und jeder liebenswürdig ist.

Glaube nicht mehr, dass ich ohne Schuld bin.

Glaube nicht mehr an mich.

Nicht mehr an die Zukunft.

Noch auf Besserung.

Auch nicht auf uns. Das schon gar nicht.

Ach, Gott vergib mir nicht mehr.

Satan, erfülle mich.

Denn ich will es zu Ende bringen.

Lichter, erlöschet alle.

Kerzen, die ihr noch brennt. Werdet erstickt.

Hoffnung, du Hartnäckige, beuge dich.

Geschwafel von Liebe, erfriere im Kummer.

205

Gratis-Hugs, lasst mich in Ruhe.

Engel, greift nicht ein.

Teufelchen, spritzt mir ein letztes Mal euren Saft der Verzweiflung.

Ruckzuck, ruckzuck.

Blitz und Donner.

Schwefel und Feuer.

Wasser und Eis.

Pech und Schwefel.

Krieg und Hass.

Verdammnis und Qualen.

Nehmen und stehlen.

Verleumdung und Anzeige.

Lügen und Betrügen.

Tod und Hölle.

Ewiger Tod.

Ewige Qualen.

Nie mehr leben.

Verloren in Unruhe.

In der Aussichtslosigkeit.

In falschen Vorstellungen.

Kranken Taten.

Verführerischen Gedanken.

Ich.

Ich war mal.

Ich war mal ein Mensch.

Ich war mal ein Mensch, der lebte.

Und dann verzweifelte.

Nichts mehr.

Ich sitze im Zug und schaue nach Draussen. An mir zieht die Landschaft vorbei und ich denke, alles geht vorbei. Meine Errungenschaften vergehen, meine mit Mühe gesäten freundlichen Worte sind einmal nicht mehr. Zum Glück auch meine negativen Gedanken und Taten nicht mehr.

Einmal, da ist nichts mehr.

Alles wird vergangen sein.

Auch, wenn wir denken, irgendetwas muss doch bleiben.

Nein, nichts bleibt.

Ist das jetzt tröstlich oder nicht?

Für mich ist es tröstlich.

Denn das bedeutet, dass ich nicht für immer denken muss.

Nicht für immer sein muss.

Nicht für immer in meinem Hamsterrad rennen muss.

Ich kann ganz stehenbleiben und dann bleibt alles wirklich stehen.

Und dann: Nichts mehr.

Nichts.

Nichts.

Nichts.

Vielleicht schreibe ich dir zurück. Aber jetzt brauche ich grad eine Pause.

Was am Morgen noch vielversprechend war, ist jetzt wie Sand zerflossen. Warst du am Morgen noch da, bist du jetzt weg. Hast du mir am Morgen noch gesagt, dass du mich liebst, sehr liebst, so schreibst du mir jetzt, dass du eine Pause brauchst.

Ich überlege mir, ob ich nicht wie geplant über die Brücke laufen, sondern in der Hälfte aufgeben und runterspringen soll. Denn es tut so weh und ich habe keine Worte dafür.

Gerade überlege ich mir, aufzugeben.

Zu verzweifeln.

Allen Gedanken zu glauben, die mich schlecht machen.

An die Eifersucht zu glauben.

An den Hass zu glauben.

An den Spott zu glauben.

Und nicht mehr an mich zu glauben.

Die Sonne steht mir im Weg.

Die Sterne stören mich immer mehr.

Der Mond grinst so doof und lacht mich aus.

Gott hockt dort oben und spielt eine irre Klaviatur, die mich verwirrt.

Die Tiere kommen nicht mehr zu mir.

Die Fische reden nicht mehr mit mir.

Und die Vögel singen dunkel über mich.

Das alles macht mich so traurig und ich heule innerlich.

Ich denke, jetzt noch ein letztes Mal weinen.

Ein letztes Mal schreien.

Bevor es kein weinen mehr gibt. Kein schreien mehr. Und vielleicht auch keine Schmerzen mehr.

Dann möchte ich hin zu dir. Jeden Tag ein Stückchen näher zu dir.

Können wir unsere Probleme denn nicht lösen?

Können wir uns nicht lieben? Mehr und mehr?

In dieser verrückten Welt.

Die einem das Lieben so schwer machen kann.

Die uns verschlucken will und nie mehr ausspeien möchte.

Die uns nicht beim Lieben zuschauen kann und vor Eifersucht platzt.

Die uns nicht will.

211

Uns verstossen will.

Ich weiss es nicht.

Und vielleicht schreibe ich dir zurück.

Aber jetzt brauche auch ich grad mal eine Pause.

Ich glaube, selbst unendlich wäre für mich zu wenig lange zum Weinen.

Ich gehe an einen Ort, wohin du mir nicht folgen kannst. Wo ich endlich weinen kann und meine Traurigkeit nie mehr verstecken muss. Wo ich nur heulen werde. Die ganze Zeit. Vom Morgen bis zum Abend. Wenn es denn dort sowas überhaupt gibt.

Jetzt gehe ich. Ich bin nicht traurig darüber und der Abschied fällt mir nicht schwer.

Dann werde ich an dem Ort angekommen sein.

Und dort weine ich nur noch.

Ich denke nicht mehr.

Ich male weder Bilder noch schreibe ich.

Ich mache überhaupt nichts als nur weinen.

Nur weinen.

Weinen.

Weinen.

Weinen.

Und weinen.

Dass mir alles so weh tut. Dass es mich so schmerzt. Dass es mich so verletzt hat. Dass ich

so schwach bin. Und nicht genug stark war.
Dass mein Sehnen mich bedrückt. Dass ich oft
nur Schuld sehe und kein Ausweg daraus.

Ich weiss nicht genau, wann ich diesen Ort
dann wieder verlassen werde. Ob überhaupt
jemals. Und ich weiss nicht einmal ob es
genügend Zeit zum Weinen wäre, wenn ich
dort unendlich lange bleiben würde, um all
meine Trauer, Traurigkeit, Schmerzen und
Verletzungen rauszulassen.

Ich denke selbst unendlich wäre zu wenig lang.

Tanzen.

Der Abgrund. Er ist so nah.

Und du so weit weg.

Es ist mein Abgrund.

Aber gehen wir nicht alle dem Abgrund entgegen und wissen es vielleicht nicht einmal? Ich weiss es immerhin.

Ich möchte mit dir nochmals durch dieses Leben tanzen. Dabei singen und uns lieben. Dafür schöpfe ich nochmals Kraft.

Dann lasse ich diese Kraft gehen.

Alles, was mich hier noch halten will, lasse ich los.

Ich lasse dich los. Das schmerzt am Meisten.

Denn ich habe dich sehr gern.

Und du bedeutest mir so viel.

Jetzt fällt leise der Regen vom Himmel. Dann wird der Regenfall immer stärker und es wird lauter. Ich habe das Fenster geöffnet und schaue dem Regnen zu und rieche die frische Luft, die es nur gibt, wenn es regnet.

Dann schliesse ich das Fenster und mache mich bereit für meine Reise, weg von dieser Welt an

einen anderen Ort. Ich trete zur Tür hinaus und in den Regen. Dort reisen zuerst meine Gedanken an diesen anderen Ort. Dann geht mein Herz.

Dort angekommen, warte ich auf dich. Bis du diese Reise ebenfalls antreten wirst.

Falls du es denn tust.

Falls du es denn willst.

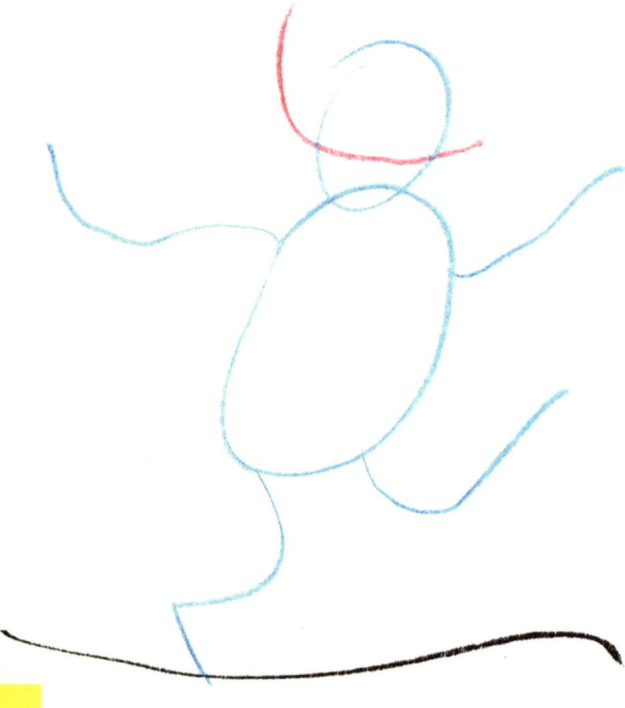

Du bist da und ich fühle Liebe.

Die ersten Blumen verblühen bereits wieder. Kaum ist der Frühling da, ist er schon wieder vorbei.

Kaum habe ich dich kennengelernt, bist du schon wieder weg.

Kaum haben wir uns begrüsst, verabschieden wir uns schon wieder.

Ich bin jetzt alleine.

Und denke darüber nach, auch alleine zu gehen.

Und wenn ich jetzt gehe, dann gehst du nicht mehr neben mir.

Ich halte die Rose noch in meiner Hand, die ich dir zum Abschied schenken wollte.

Aber ich habe dich nicht mehr gefunden.

Gerade halte ich die Hoffnung in meinen Händen.

Und versuche aber, sie nicht krampfhaft festzuhalten.

Sie geht und sie kommt. Irgendwie so, wie er ihr gerade passt.

Oder geht sie doch auf mich ein?

217

Ich bin auf der Suche nach meinen Gefühlen und auf der Suche danach, lieben zu können. Gerade bin ich es am Lernen. Denke ich. Hoffe ich.

Wenn jetzt kein Sturm kommt, dann lerne ich es noch weiter. Bedeutet lieben leben?

O, möget ihr heraufkommen, meine Gefühle und mich zum Fühlen bringen.

Denn ich habe euch vermisst.

Das Haus, das wir zusammen gebaut haben, ist so schnell zusammengefallen. Jetzt stehe ich vor den Trümmern und du hast es nicht nach draussen geschafft.

Ich schaue zu, wie alles zerfällt. Und auch du bist in diesem Trümmerhaufen. Nach dem ich dich verloren habe, komme ich zu dir und begrabe mich ebenfalls unter den Trümmern.

Die Trümmer sind meine Liebe zu dir, meine Hoffnung, mein Glauben an eine Zukunft und mein Herz, das jetzt zerfallen ist. Die Liebe zu dir wurde zurückgewiesen, die Hoffnung ging und der Glaube an die Zukunft verflog.

Doch in den Trümmern finden wir wieder zueinander. Mein Herz und dein Herz verschmelzen. Gemeinsam ertragen wir den Kummer und gemeinsam suchen wir nach der Hoffnung.

Gemeinsam suchen wir nach einem festen Boden.

Gemeinsam suchen wir Gründe fürs Leben.

Und gemeinsam erinnern wir uns immer wieder daran, dass wir uns lieben.

**Verloren. Gefunden. Verzweifelt. Gehofft.
Gehasst. Geliebt. Ich. Und du. Du und ich.**

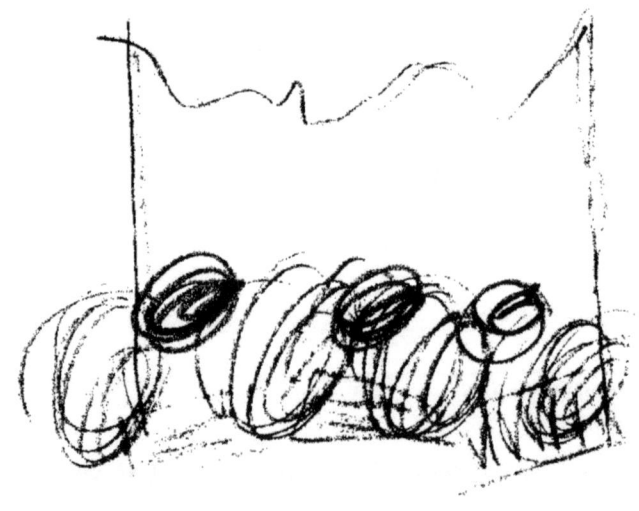

220

Silence. Stille.

Angst vor mir.

Angst vor dem, was ich denke, dass ich sei.

Angst, dass es nochmals nicht klappt.

Angst, dass morgen wieder morgen wird.

Angst vor allem, was da draussen umhergeht.

Da ist.

Sich bewegt.

Auf mich zukommt und mich nicht in Ruhe lässt.

Mich fixiert und mich unwohl werden lässt.

Ich wollte doch nur bei dir sein.

Und jetzt muss ich leben.

Ich wollte nur mit dir reden.

Jetzt muss ich der Gesellschaft Rede und
Antwort stehen.

Ich wollte nur in der Stille in deinen Armen
sein.

Jetzt muss ich mich mit meinen Armen wehren.

Ich wollte nur dich liebhaben. So lieb.

Jetzt muss ich versuchen, alle gern zu haben.

Ich verstehe das irgendwie nicht.

Es macht mich ratlos und traurig.

Hilflos und belastet.

221

Beladen und angegriffen.

Rastlos und manchmal kraftlos.

Ich fühle mich richtig schwer.

Schuld.

Fühle die Ablehnung.

Wie sie sich in meinem Körper breit macht.

Und mir Worte der Trostlosigkeit zuspricht.

Ich wollte meinen Weg finden.

Jetzt bin ich nur noch tiefer im Dickicht und so weit von meinem Weg entfernt.

Ich wollte nicht alleine gehen und jetzt verliere ich auch noch die anderen.

Und merke, dass mein Weg nicht der der anderen ist.

Aber wo denn befindet sich mein Weg?

Ich möchte in einen Raum kommen, wo ich nichts mehr sagen muss.

Wo nur noch Musik ist.

Die mich heilt und mich auf meinen Weg führt.

Und dann begleitet.

Die mein Herz weich macht und meine Seele berührt.

Nährt.

222

Ihr eine Wohnung zum Wohnen gibt.

Und einen Ort, wo sie gut aufgehoben ist.

Und wo ich nie mehr Angst haben muss.

Dich finde.

Und ich nichts mehr erklären muss.

Wo ich den Teil finde, nachdem ich gesucht habe.

Was nicht verstanden wurde.

Und nicht gesehen wurde.

Aber ich kenne mein tiefes Inneres vom Fühlen.

Und weiss, dass es dazu das einpassende Stück geben muss.

Geben soll.

Geben sollte.

Denke ich.

Glaube ich.

Hoffe ich.

Das Bad.

Im Schleier der Nacht lebe ich. In diesem Schleier bin ich niemals glücklich und ich komme nirgends an. Ich irre herum und höre nichts Liebes.

Einmal da lüftete sich der Schleier.

Dann sah ich die Menschen.

Was nicht besser war.

So zog ich diesen Schleier wieder an.

Tauchte wieder ein in die Nacht.

In Dunkelheit.

Und denke jetzt wieder die Gedanken dieser Nacht.

Die mir sagen, welche Fehler ich habe.

Welche Fehler ich mache.

Die mich als krank benennen.

Die mir Vorhaltungen machen.

Und für mich ein Bad aus Schuld einlaufen lassen.

Wo ich dann jeden Tag baden gehe.

Und mich damit fülle.

Und da ist kein Handtuch, mit dem ich meine Gedanken wegtrocknen könnte.

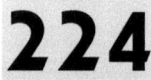
224

Keine warme Luft, die die nassen Lügen zum Verschwinden bringt.

Ja, am Tag bade ich ohne Halt.

Und in der Nacht ziehe ich diesen Schleier wieder an, der mir angeblich etwas Halt gibt.

225

Untergehen.

Schon seit Tagen ist es jetzt so kalt, dort wo ich wohne. Mein Herz friert und meine Seele irrt heimatlos umher. Es wird jetzt immer dunkler. Schwarze Wolken ziehen ein bei mir. Dunkelheit erfasst mich tiefer und tiefer. Ich möchte etwas fragen, aber ich bringe keinen Laut aus mir heraus. Werde ich jetzt sterben?

Mein Leben lang habe ich gekämpft.

Es zumindest versucht.

Und jetzt soll es vorbei sein.

Ohne das Ziel erreicht zu haben.

Ohne die Liebe erfahren zu haben, die ich mir gewünscht hätte.

Ohne, dass ich meine Schuldgefühle in den Griff bekommen hätte.

Ohne das Gefühl gehabt zu haben, viel gegeben zu haben.

Ohne das Gefühl gespürt zu haben, genügt zu haben.

Aber was ist schon Liebe.

Nie vergesse ich deine Nummer.

Ich will raus, aber raus geht nicht.

Ich will es zu Ende bringen, aber ich komme zu keinem Ende.

Ich will mir weh tun, aber ich habe bereits solche Schmerzen, dass ich mir nicht mehr weh tun kann als es bereits weh tut.

Ich will fort von hier, aber ich merke, dass ich gar nicht mehr gehen kann.

Ich verabschiede mich von dir und trotzdem möchte ich dir so nah sein.

Du kennst mich nicht und ich dich nicht.

Du machst mich traurig und ich dich. Vielleicht.

Ich halte dich fest in meinem Herzen und du sprichst nicht mehr mit mir.

Ich denke an dich und du sagst, dass du mich nicht mehr kennen würdest.

Ich möchte dich jetzt gleich umarmen, aber du entziehst dich meiner Umarmung.

Du hast Schluss gemacht.

Mich verletzt.

Mir wehgetan.

Mich alleine mit meinem Schmerz zurückgelassen.

Die Zeit heilt alle Wunden, sagt man. Was „man" nicht alles sagt.

Nein, die Zeit heilt eben nicht alle Wunden.

Manchmal kommt es mir so vor, als dass die Wunden wie länger die Zeit vorbeigeht, desto schlimmer und schmerzhafter werden.

Ich kann schlecht vergessen.

Jede Verletzung, die mir zugefügt wurde, ist noch da. Habe ich tief in mir abgespeichert und sie alle sind Teil geworden von meiner Seele.

Ich denke immer noch an dich und deine Nummer habe ich nicht vergessen.

228

Du hast mich gemobbt. Und ich dachte, das mache man halt so. Und ich sei ja eh selbst schuld dran.

Ich möchte tanzen, aber du traust es mir nicht zu.

Ich möchte singen, aber du lachst mich nur aus.

Ich möchte malen. Du bekommst einen Lachanfall.

Ich möchte ein Bild aufnehmen. Du schüttelst den Kopf.

Du hast mich gemobbt.

Du hast mich ausgeschlossen.

Du hast mir wehgetan und dabei gedacht, ich würde es nicht spüren.

Du hast meine Unsicherheit genutzt, um dich über mich lustig zu machen.

Vielleicht leide ich noch immer darunter.

Weil das nicht einfach weggesteckt werden kann.

Jetzt brauche ich jemand anders, der mir hilft.

Der mich gern hat.

Mich liebt.

Mich annimmt, wie ich bin und mich gut findet.

Dann kann ich zum ersten Mal lernen, richtig und wahrhaftig zu tanzen.

Zu singen.

Und mich selbst ungefiltert und ungehindert auszudrücken.

Und du kannst mich nicht mehr auslachen, weil ich dann weiss, dass es an mir nichts zum Auslachen gibt.

Denn: DU warst die ganze Zeit im Fehler!

Hast du das schon gecheckt?

Niemand hat gesagt, dass wir nackt rumlaufen müssen. Aber verdammt, doch nicht mit dieser riesigen Maske über den Kopf und getarnt bis zu den Füssen.

Langsam geht zugrunde, was zugrunde gehen muss. Alles, was wir dachten, was wir seien, vergeht. Denn: Wir waren nicht das, was wir dachten, zu sein. Wir SIND nicht das, was wir dachten zu sein.

Das Wasser wird uns alle überfliessen und zudecken.

Wir werden chancenlos dagegen sein.

Überhaupt sind wir absolut machtlos, wenn wir gegen etwas sind.

Warum waren wir nicht wir?

Warum haben wir uns so verstellt?

Warum liefen wir ALLE mit Masken herum?

Es war doch nicht ein Theater, es war doch das Leben.

Das einzige, das wir hatten.

Jetzt sind wir am Heulen, weil wir alle es bereuen.

231

Und wir fragen uns jetzt – ja, erst jetzt – wie wir es hätten anders machen können.

Alle fragen wir es uns.

Und alle sitzen wir im gleichen Boot.

In einem Boot, gefüllt mit Tränen.

Gefüllt mit Menschen, die jetzt nachdenken.

Und merken, dass es eigentlich kein Theater gewesen wäre.

Wir alle aber wie Schauspieler gespielt haben.

Unser Leben als eine Vorspiegelung von falschen Tatsachen gelebt haben.

Traurig.

Tragisch.

Es gab nur dieses eine Leben.

Gott! Gott! Hilf! Hilf! Hiiiiiiiiilf! Dude, oh sooooo nackt! Weil es du bist.

Heute war ich dort.

Und ich sah dich.

Und ich stellte dich mir nackt vor.

Was vorher noch hinter dem Mond lag.

Wurde für Augenblicke bewusst.

Ich genoss den Anblick deiner Vulva.

Ganz nah.

Deiner Beine.

Deiner Brüste.

Deiner Füsse.

Deiner Hände. Die ich schon gesehen hatte.

Und ich roch an dir.

Allen Orten.

Und ich lag auf dir.

Und es war gut.

Nichts war falsch.

Und es war irgendwie nüchtern.

Aber mit lockerem Körper.

Und ruhigem Atmen.

Fast schon irgendwie heilsam.

Und ich war kein Arschloch.

233

Und ich war gut für dich.

Und ich war willkommen.

Und ich war ziemlich alt genug dafür.

Bereit dafür.

Und am richtigen Ort.

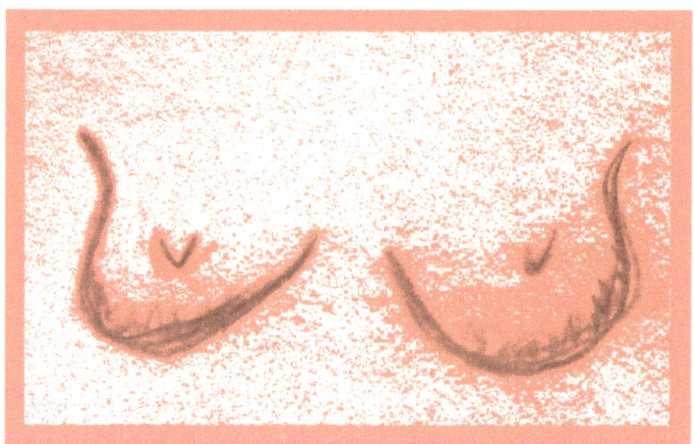

All the leaves are brown.
And the sky is grey.

Wir wissen es.

Wir rufen es.

Wir schreien es.

Hinaus.

Hinaus in die Welt.

Weil wir so traurig sind.

Weil wir alle vermissen.

Weil wir alle es zurückbekommen möchten.

Weil wir alle am Leiden sind.

Die meisten alleine.

Einige zu zweit oder in Gruppen.

Ich vermisse dich.

Ich denke an dich.

Ich denke an deine Haut.

An dein Gesicht.

Wie du denkst.

Vor allem an deine Gegenwart.

Neben dir zu sein.

Mir dir zu sein.

Zu wissen, dass du genau neben mir atmest.

Dich zu fühlen.

Dich zu spüren.

Dich anzuschauen.

Deine Stimme zu hören.

Ich wollte dich noch etwas fragen.

Ich wollte dich noch fragen, ob ich dich berühren darf.

Ob ich neben dir schlafen darf.

Ob wir miteinander schlafen können.

Ob du mich auch liebst.

Ob du mich auch gernhast.

Ob du mein Herz auch fühlen möchtest.

Ganz tief.

Während ich mit mir beschäftigt bin und es manchmal von Kampf zu Kampf geht, vermisse ich dich. Ich warte auf ein Zeichen von dir. Dass du was sagst, dass ich deine Stimme höre, dass du auch an mich denkst, wenn ich an dich denke, dass es nicht vorbei ist, dass es beginnen wird, dass alles anders wird, als meine Gedanken es sagen.

Ich wünsche.

Du wünschst.

Ich gehe.

Du gehst.

Ich weine.

Du weinst?

Ich bin traurig.

Du auch?

Ich habe Angst.

Hast du überhaupt Angst?

Ich bin ich.

Und du bist du.

Logisch.

Aber bin ich auch ein bisschen du?

Und du ein bisschen mich?

Besser nicht, denke ich.

Sonst bräuchten wir doch einander gar nicht.

Ich vermisse dich.

Ich möchte mit dir schlafen.

Ich möchte deinen Atem spüren.

Meinen Kopf auf deine Brust legen.

Und dein Herz schlagen spüren.

All you need is love.

Gesucht. Gefunden. Traurig. Versöhnt. Sehnsucht. Du.

Du hast mich gefunden und ich möchte dich spüren.

Deinen Körper.

Bei dir sein.

Und lange mit dir sein.

Auf dir sein.

In dir sein.

Für dich.

Der Himmel ist blau. Die Wolken rosa. Alle Brillen, die wir aufhaben, sind türkis. Und in unserem Zimmer ist violettes Licht. Du schimmerst. Du bist nackt. Du denkst. Du redest sanft. Du gehst voran. Du gehst mir voran. Du bist zuerst am wundervollen Ort. Ich treffe dich dort. Wir lieben uns. Ich bin in dir. Und du nimmst mich auf. Meinen Schwanz nimmst du auf und ich schwitze und auch du schwitzt.

Wir nehmen Platz auf der Bank und spüren, der Ort ist magisch. Wir finden uns immer noch. Wir schauen zusammen. Wir werden von nichts abgelenkt. Der Blick aufs Wasser ist erquickend. Die Luft ist rein und sie einzuatmen wunderschön und erfrischend und belebend.

Ich komme.

Du kommst. Du stöhnst.

Du gehst von mir runter und legst dich neben mich.

Ich küsse dich.

Du lässt alles geschehen.

Wir kuscheln uns aneinander.

Wir schlafen ein.

Ich habe dich gern.

Ich liebe dich.

De Text isch fürne Frou woni ha kenneglernt. Si het mi berührt und i hase gern.

All the trees. I love them all.

Zwei Bäume habe ich gepflanzt. Einen für die Sehnsucht und einen für alle Liebenden. Sind wir für die Welt, dann machen wir Liebe. Die Welt braucht uns. Wenn jemand liebt, dann wächst alles schneller. Es gedeiht viel besser. Wenn zwei sich lieben, wird die Luft frischer und der Himmel klarer.

Für alle Liebenden.

Für dich.

Hände. Weil wir nie aufgegeben haben.

Wenn wir es nicht versuchen, werden wir doch scheitern. Wenn wir nicht hoffen, werden wir nie glauben. Wenn wir aufgeben, werden wir nie wissen, wie sich kämpfen anfühlt. Wenn wir nicht lieben, haben wir schon verloren.

Wenn wir traurig sind, dann gehen wir ein Stück weiter.

Wenn wir weinen, machen wir den nächsten Schritt.

Wenn wir nicht mehr weiterwissen, schauen wir bei der nächsten Abzweigung um die Ecke.

Wenn wir denken, verloren zu haben, findet uns jemand.

Wenn ich dich nicht mehr spüre, dann liebst du mich umso mehr.

Wenn ich nichts mehr glaube, nicht mal mehr den Untergang, dann rufst du an.

Wenn ich hilflos rumliege, dann schreibst du mir.

Wenn ich nicht schlafen kann, dann denkst du schon die ganze Zeit an mich.

Weil du mich liebst.

Weil es nicht umsonst ist.

Weil du nicht loslässt.

Weil ich ohne Angst bin, wenn du mir gegenübersitzt.

Weil ich dich schon von weitem sehe und weiss, dass du es bist.

Alle diese Schönheit.

Endlich findet sie mich.

All diese Wärme.

Alle Herzen.

Alles Fühlen.

Alles Geben.

Und nichts für mich nehmen.

Denn du gibst es mir gratis.

Ich liebe dich.

Alle Hände.

Jetzt sehen wir, wie schön sie sind.

Wir haben nicht aufgegeben!

Bärndütsch

Spring, spring, spring! Denn du bisch verlore!

We du nümm wosch läbe, de nimmi di a dr Hand.

We du ir Höll bisch, de holi di zrügg i Himmu.

We du nur no schwarz gsesch, de bringi Farb i dis Läbe.

We du am Ändi bisch, bliebi di ganzi Nacht bi dir.

We du vom hüle ganz nass bisch, trockne i di ab u lache di liebevoll a.

We du hoffnigslos am Wegrand hockisch, chumi vrbi u bringe dir Sterchig.

* * *

We du de trotzdem springsch, de landisch du i minä Arme.

Z meischte andere wird irgendeinisch vergah, aber d Liebi cha nid ende.

Am Abe isch mi d Angscht cho bsueche.

Dr Himu isch ohni Sunne

Mini Händ schwitze

Mi Körper zittred

I ha Angst

Vor dr Einsamkeit

Vorem Abschied

Vorem Afang

Vorem andere, wo mir Furcht ijagt

Bevor i jetz ga um mi gaz ertränke

Möchti no einisch wüsse

Das alles ok isch

Das i ok bi

Und dassi immer ha drzueghört

Obwohl i das nume selte so gspürt ha

Und: Mängisch geit d Sunne uf, aber z spat

Vlich isch es besser, si geit z spat uf als nie

Das isch de ä Gschicht ohni Happy End füre
Protagonist

Aber immerhin isch dr Zuschouer irgendwie
ermutigt

Mängisch isch mini Huut ganz weich und i sanft. Mängisch äbe ou nid.

Mängisch gsehni z Glas halbleer. Mängisch isch d Hoffnig wie weg. Mängisch gsehni nume Sache a mir, wo als Fehler erschiene. Mängisch hani würklech Angscht drvor, so z si, wis mir miner Gedanke denn säge.

Mängisch isch dr Vogel i mim Chopf blau.

Mängisch bluetrot.

Mängisch dunkelviolett.

Mängisch chunnt e zweite Vogel drzue und es werde Vögu.

Mängisch stritte di beide.

Mängisch si si ruhig und mängisch sehr luut.

So wie z Wasser cha ruhig si oder ganz tosend luut und ufgwühlt so isches ou mit mir. I cha mi ganz wohlfühle i mire Huut oder aber i wirde vo verurteilende und angstmachende Gedanke heimgsuecht und mitem wohlfühle isches verbi und mini Huut wendet sech gege mi.

246

I ha gwartet. Lang. Weni jetz i dir bi, de gsehni die Welt, wo du gschaffe hesch. Danke vielmal. Du bisch so schön.

Es isch scho es Ziitli här.

I gseh di.

I luege di a.

Immer und immer und immer wieder.

I ghöre di atme.

I schmecke di Gruch.

I luege dini Haar a.

Und luege i dis Gsicht.

Du geisch nid, oder?

Du hesches ou nid vergesse, oder?

Du gspürsch tief, oder?

Hesch du ou öppis vo mim Härz gseh?

Hesch du ou mi Gruch chönne schmecke?

Und hesch du ou mini Huut gspürt?

Möchtsch du ou mi berühre?

Huut uf Huut enand gspüre?

Im Frühlig sigs schiins violett.

Dr Summer sig när voll oranger Blüete.

Und när chöm dis Bluet und mi Speichel.

Es wird zersch alles ganz rot und dadrin gspüri di so fescht. I fühle mi dir so nah.

Mir küsse üs und alles wird no heller orange. Und ganz intensiv. No intensiver.

Ganz schön. No schöner.

Churz wirds blau u när gad wieder ganz schön oranglich.

Weni di strichle i dire Scham, de chömme Könige zäme. Königinne regiere und d Chind si ganz luschtig. Si tolle umenand und säge enand luschtigi und liebi Sache. Si sueche nach Gheimnis und mache enand Überraschige.

Weni i dir bi, de chunnt e ganz ä helli Welt uf mi zue. Uf üs zue? Du schaffsch die Wält. Und si schmeckt nach dir. Si isch frisch duftend und schön gheimnisvoll. Si isch anders und nimmt mi mit.

We du mi ganz wosch, de schliesst sech ä Kreis. Vom chline Mensch uf dr Foto, wo für das alles scho irgendwo het Platz gschaffe, bis zum hütige Mensch, wo de Platz het bewahrt und nä nie het vergesse.

Es Ziitli här?

Was isch Ziit?

Wenn chunnt si (wieder)?

Giits die richtigi Ziit?

Denn, wo für beidi d Ziit zums zämä mache da isch?

Wei mir warte?

Chöi mir warte?

Isch warte gsund?

Müesse mir sogar warte?

Ufenand?

zum
schl
uss

Von Orangen und Datteln.

Als Lena ihn küsste, dachte sie an Orangen. An den Duft von Orangen. An einen schönen warmen Sommertag. An das Verzehren einer saftigen Orange an einem schattigen Plätzchen an einem warmen Sommertag. Als Samir sie küsste, dachte er an den Geschmack von Datteln. Und wie sie schmeckten, wenn man sie sich langsam und genüsslich zuführte. Als sie miteinander schliefen, dachte Lena an frisches Gras. Ja, frisches Gras an einem Frühlingstag. Frisches Gras, das an einem Frühlingstag frisch gemäht worden war. Samir dachte an das Wunder einer Raupe, die sich einpuppte, dann eine Zeitlang so verharrte und dann als neue Kreatur, als Schmetterling ausschlüpfte, als er sein Glied in die Vagina von Lena einführte, darin eine Zeitlang verweilte, Lena küsste und es dann wieder herauszog. Als sie beide eingeschlafen waren, träumten sie. Lena träumte von schönen, gut herausgeputzten Rindern auf einer grünen Wiese. Sie hörte die Glocken, die um den Hals der Kühe befestigt waren, klingeln und bimmeln. Sie befand sich in den Bergen. Mächtige, erhabene Gipfel umgaben sie. Sie atmete die gute, frische Bergluft ein. Sie fühlte sich wohl. Bei sich. In sich ruhend. Samir träumte von Blauwalen, grossen, starken, aber doch eleganten Geschöpfen. Er befand sich in seiner Taucherausrüstung im weiten Ozean, wo er mit den Walen tauchte. Er genoss es, konnte ganz abschalten. Nahm sich wahr, nahm sich so wahr, wie es ihm angenehm war. Wie er sich wohlfühlte.

Als der Morgen anbrach, standen die beiden auf, um ein kleines Morgenessen zuzubereiten. Es sollte frischen Fruchtsalat und einen Becher frisch gepressten Orangensaft für beide geben. Lena bereitete die frischen Orangen für den Saft und den Fruchtsalat zu. Samir schnitt die Datteln in kleinere Stücke, um sie dann dem Fruchtsalat beizugeben.

Deine Notizen

Deine Notizen

Deine Notizen

thereisbea
utyinevery
thingyouth
ink/////////

proudly presented by

what ab**ou**t you